원폭과 조선인 2

나가사키 조선인 피폭자 실태조사

**원폭과 조선인 2**

초판 1쇄 발행   2025년 7월 31일

지은이 | 나가사키 재일조선인의 인권을 지키는 모임
옮긴이 | 김경인·박수경
펴낸이 | 윤관백
펴낸곳 | 선인

등   록 | 제5-77호(1998.11.4)
주   소 | 서울시 양천구 남부순환로 48길 1
전   화 | 02) 718-6252 / 6257
팩   스 | 02) 718-6253
E-mail | suninbook@naver.com

정가  14,000원
ISBN  979-11-6068-987-7  04900
ISBN  979-11-6068-828-3  (세트)

· 잘못된 책은 바꿔 드립니다.

나가사키 조선인 피폭자 실태조사

# 원폭과 조선인 2

나가사키 재일조선인의 인권을 지키는 모임 지음
김경인·박수경 옮김

■ 원제

原爆と朝鮮人

長崎朝鮮人被爆者実態調査報告書 第2集(1983)

長崎在日朝鮮人の人権を守る会

시바타 도시아키(柴田利明) 선생님께 이 책을 바칩니다.

나가사키 원폭 조선인 희생자 추도비
(長崎原爆朝鮮人犧牲者追悼碑)

원폭으로 죽임을 당한 이름도 없는 조선인을 위해
이름도 없는 일본인이 속죄의 마음을 담아

1979년 8월 9일 제막
나가사키시(長崎市) 히라노마치(平野町) 평화공원

■ 일러두기

1. 일본어 원서의 한자 표기는 일본식 약자를 그대로 사용한다.
2. 증언자는 개인 정보 노출 방지를 위하여 이름은 '○○'로 가렸으며, 생일과 상세한 주소는 삭제하였다.
3. 원서의 주는 '※'로 표시하며, 역자의 주는 '*'로 표시한다.
4. 증언 내용을 알기 쉽도록 본문의 증언 제목을 목차에 추가한다.

목 차

**제1부 나가사키 주변의 도서부** ················································ 17

1. 서론 ························································································ 19

　1) 기타마쓰우라군(北松浦郡)의 탄광 ················································ 27

　2) 히가시소노기군(東彼杵郡)의 탄광 ················································ 28

　　(1) 사세보시의 탄광 ································································ 29

　　(2) 사세보 해군 진수부 관계 제반 작업 ········································ 29

2. 조사 보고 ················································································ 33

　1) 이오지마 ············································································· 33

　　(1) 이오지마와 조선인의 역사 ···················································· 33

목차 9

(2) 조선인에 관한 증언 ················································· 48

    조선인들과 가깝게 지냈다 / 48
    친했던 조선인들 이야기 / 49
    함바를 잘 알고 있었다 / 52
    이오지마의 조선인 노무자들 / 54
    이오지마탄광의 노무계였다 / 57
    귀국선에서 조난한 조선인들 / 58
    이오지마탄광 관계자로서 (1) / 60
    이오지마탄광 관계자로서 (2) / 62

2) 고야기지마 ································································ 65

  (1) 고야기지마의 역사와 조선인 ································ 65
  (2) 조선인에 관한 증언 ················································· 73

    전기 충격 린치를 당하고 있었다 / 73
    전시 중 '배급품'을 취급했기 때문에 / 80
    아보탄광 부근의 조선인들 / 82
    선장으로서 조선을 왕복했다 / 89
    조선인 기숙사가 있었다 / 92
    표류해 온 조선인을 매장했다 / 93
    아보탄광 책임자였다 / 96
    가와나미조선에서 일하던 조선인 이야기 / 98
    고야기지마에 있던 네덜란드인, 조선인 / 99
    학대받은 외국인 포로, 조선인들 / 100
    고야기의 조선인들 / 102
    아보탄광에서 일하던 조선인들 / 103

3) 다카시마 ················································································ 106

　(1) 다카시마와 조선인의 역사 ··············································· 106

　(2) 조선인에 관한 증언 ··························································· 113

　　좁은 섬에 2,000명 가까운 조선인 노무자가 / 113
　　나는 조선인 노무자들의 현장감독이었다 / 116
　　무서웠던 다카시마탄갱의 "갱도" / 118

4) 하시마(군함도) ···································································· 120

　(1) 하시마의 역사와 조선인 ··················································· 120

　(2) 조선인에 관한 증언 ··························································· 124

　　"감옥섬" 하시마탄갱으로 연행되어 / 124
　　일문일답 '군함도': 종전임을 알고 환성―차별받던 조선인, 중국인― / 137
　　아아, 군함도―탈주미수는 반죽음으로― / 139
　　군함도의 생활환경(그 두 번째) / 141

3. 정리 ··························································································· 142


## 제2부 나가사키 시내(제1집 보충 글) ················································ 149

1. 해설 ··························································································· 151

2. 조사보고 ···················································································· 152

1) 스미요시(住吉) 지구 ································································ 152
　　대두로 콩나물을 키우던 조선 여자들 / 152

2) 시로야마마치(城山町) ···························································· 156
　　마을의 조선인 함바 이야기 / 156

3) 오기마치(扇町) ····································································· 158
　　오기마치의 조선인 함바, 쇼엔지(照円寺) 절 아래의 조선인 함바 / 158

4) 젠자마치(銭座町) ·································································· 160
　　자택 부근에 있던 조선인 하숙소 / 160

5) 다마조노마치(玉園町) ··························································· 162
　　간젠지(観善寺) 절의 조선인 징용공들 / 162
　　호센지(法泉寺) 절의 조선인 징용공들 / 166

6) 지쿠고마치(筑後町) ······························································ 169
　　쇼후쿠지(聖福寺) 절에는 징용조선인 노무자는 없었다 / 169
　　조선인 징용공 대부대(大部隊), 그날들 / 170

7) 주닌마치(十人町) ································································· 172
　　의붓아버지는 훌륭한 조선인이었다 / 172

8) 오우라마치(大浦町) ······························································ 176
　　오우라 지구에 있던 다수의 동포 / 176
　　오우라에는 많은 조선인이 있었다 / 178

9) 스에이시마치(末石町) ··························································· 180
　　'입시 피폭자'가 된 조선인 징용공들 / 180

10) 노모(野母)반도 ·································································· 184
　　노모반도의 조선인들 / 184

**제3부 총괄 및 향후 과제** ·················································· **187**

회칙 / 195
역자 후기 / 197

'조선 민족은 하나'라는 의미로
한국 국적과 조선적 사람들을 모두 '조선인'이라고 표현합니다.

# 제1부

나가사키 주변의 도서부

原爆과 朝鮮人

## 1. 서론

1945년 8월 15일, 일본의 항복으로 36년간의 일본 제국주의에 의한 조선 통치는 끝났고, 이로써 조선 침략의 역사에 마침표가 찍히며 조선은 해방되었다. 물론 이러한 표현에는 승인할 수 없는 점도 있을 것이다. 왜냐하면 남조선에는 그 이후에도 미국 제국주의 군대가 상주해 있고, 한·미·일 3군 통합의 팀스피릿 작전이 해를 거듭할수록 대규모화되고 있는 현 상황에서, 조선에 대한 침략의 역사는 모양을 바꾸어 존속하고 있음에 불과하다고 단언할 수 있기 때문이다.

과거 일본 제국주의의 조선 통치, 즉 조선 침략에 대해 당시나 지금이나 "일본은 조선에 대해 선정을 베풀었다"라는 미신을 믿는 일본인은 끊이지 않고 존재한다. 그러나 조선 침략 시대를 잘 아는 사람이라면 조선인의 생활이 일본인과 같았다고는 절대 말할 수 없을 것이다.

당시의 일본 지배자들은 '일시동인'의 마음으로 조선 인민을 통치했다고 멋대로 떠드는데, 이는 조선인의 생활이 어떠하였는지에 대해 고의로 눈을 감고 침묵하는 자들의 말이다.

따라서 그들은 일제 패전 후 38년이 지난 현재까지도 조선 통치, 즉 조선 침략에 대한 총결산을 하려고 하지 않는다.

그 전형적인 문제가 '조선인 피폭자'에 대한 원호 조치의 방치와 그 전제로서의 조선인 피폭자에 대한 실태조사를 방기한 것이다. 다수의 조선인 피폭자들이 현재까지도 국내외에서 엄청난 고통 속에 방치되고 있음에도 불구하고, 일본 정부는 근본적인 원호법 제정, 조선 현지에의 원폭병원 건설 등에 대해 결코 적극적인 조치를 취하려고 하지 않는다. 게다가 8·6히로시마와 8·9나가사키 피폭 당시 두 도시의 시내에 거주한 조선인

수, 생활 장소[취락, 나가야(長屋 *연립주택), 개인집, 함바(飯場), 나야(納屋 *헛간), 기숙사, 오두막(小屋) 등], 생활 상태(상·공업, 노동 등), 피폭 상황(피폭 장소, 피폭 상태, 치료, 시체 처리 등) 및 그 이후 원폭병과의 사투, 사망, 귀국, 잔류, 이동, 생활 상태 등에 대한 그 어떤 조사도 오늘날까지 전혀 착수하려 하지 않는 것이다.

패전 이후 지금까지 여러 입장에서 조선인 피폭자 문제에 대해 많은 보고와 수기 혹은 체험 발표 등이 이루어진 것은 사실이지만, 이는 어디까지나 피폭자 개인의 증언을 모아 기록한 것일 뿐 기본적인 조선인 피폭 문제 조사라는 점에서 보면 '점'에 불과하다. 그 '점'을 결합해서 '선'을 만들고, 거기서 다시 '면'을 메워가는 작업이 반드시 필요하다. 즉 '과학적이고 종합적인 조선인 피폭자의 피폭 전체상 파악'이라는 조선인 피폭 백서를 만드는 것이야말로 일본 정부가 해야 할 작업이자 책임이다. 이야말로 일본 제국주의의 조선 통치, 즉 조선 침략의 귀결이었던 조선인의 원폭 피폭, 조선 민족에 대한 진정한 책임을 지는 방법인 조선인 피폭자 원호법 제정을 향한 첫걸음일 것이다.

그러나 히로시마에서도 나가사키에서도 이 대처 방식은 일본인 피폭자의 경우와 비교해 놀라울 정도로 지연되고 있어, 현 상태로라면 앞으로도 노력할 생각은 없는 것이 아닌가 의심하지 않을 수 없다.

일반적으로 제2차 세계대전의 종언은 1945년 8월 15일이라 하지만, 그 이전에 일본에 거주하고 있던 조선인에 대해서는 그 도일에 이르는 역사적 경과를 대략적으로 분류해 둘 필요가 있다.

첫째, 1910년 '한일병합', 즉 조선병합으로 시작되는 식민지 정책은 먼저 토지조사 사업이라는 20세기의 논밭 측량과 검사를 내세워 조선 농민에게서 토지를 빼앗고, 이듬해 교육령으로 민족교육을 빼앗은 뒤 마침내

정치, 경제, 문화, 관습까지 약탈하고 짓밟아 갔다. 이윽고 그것은 태평양 전쟁을 빌미로 조선을 병탄 기지화하고 인민을 강제로 잡아 징용으로 끌고 가는 만행에까지 치닫게 되었다. 그런 상황에서 어쩔 수 없이 고향을 떠나 일본으로까지 건너온 사람들, 즉 이들은 일본 제국주의의 조선 식민지 정책에 의한 직접적인 피해자들이다. 이들은 이름도 빼앗기고(일본명을 쓰도록 강요당하고) 이미 '일본신민화'돼 있던 사람들이 많다.

둘째는 아시아 침략 전쟁의 확대에 따른 노동력의 확대 보충을 위해 — 당시 극히 비인격적인 말로서 '인적 자원'이라는 용어가 사용되었는데— 일본의 공장, 사업소, 군수공장, 조선소, 탄광 등 그 외에서 가혹한 노동에 종사시킬 목적으로 대규모의 동원 계획을 세우고 조선 현지에서 모집하여 일본으로 연행해 온 조선인들. 이들을 나가사키에서는 '마루모(マル募) 씨'라고 불렀다. 마루모라 불리는 조선인은 히로시마에 비해 나가사키에 매우 많았다는 사실이 우리의 실태조사로 판명되었다. 이 '조선인 노무자 이입'의 포문을 연 것은 1937년 9월에 석탄 광업 연합회가 결정적인 노동력 보충 대책으로 상공대신에게 제출한 '탄광 가동자 보충 증원에 관한 진정서'였으며, 이로써 일본 정부는 마침내 조선인 노무자의 집단 이입을 적극 추진하게 되었다.

구체적으로는 1938년 1월 국가총동원법의 전조라고 할만한 '군수 공업 동원법'을 실시하였고, 같은 해 4월 1일 '국가총동원법'을 공포하여 국가권력에 의한 생산 수단과 노동력의 동원 체제를 확립하였다. 이리하여 '1939년도 노무동원 실시 계획 강령'을 각의 결정하고, 이로부터 조선인 노무자의 집단 이입을 단행하게 된다. 1939년 7월 4일 국가총동원법에 의거한 '국민징용령'이 공포되어 본격적 동원이 시작되는데, 이 국민징용령은 조선에서는 11월부터 시행되었다. 그러나 징용령의 적용으로 조선인의 저항이 일어나는 것을 피하기 위해 일반적으로는 모집 형식으로 집단 동원 계획이 세워져 실행에 옮겨졌다. 후생성은 집단 이입에 있어 기존의 '노동자 모집 단속 규칙' 외에 '조선인 노동자 모집 요강', '조선인 노동자 이주에 관한 사무 취급 절차'를 규정해 국가권력에 의한 통제를 강화했다. 1940년, 이 '노동자 모집 단속 규칙'은 폐지되고 새롭게 조선총독부령 제2호로 '조선 직업 소개령'을 발령하여 6부에 직업소개소를 설치하고 모집 담당의 관할을 내무국으로 하여 경무국을 단속에 전념하게 하는 체제를 완성하였다.

셋째는 악명 높은 '관 알선에 의한 강제연행'이다. 즉, 1941년 12월 8일의 대미·대영 선전포고로 태평양 전쟁에 돌입함과 동시에 조선인 노동자의 확보는 한층 더 중요성을 더했기 때문에, 이때부터 조선인의 인권을 인정하지 않는 '조선총독부에 의한 강제연행'이 개시된다. 절차로는 1942년 각의에서 '조선인 노무자 활용에 관한 방안'을 결정하였으므로, 이 결정에 따라 조선총독부는 '조선인 내지 이입 알선 요강'을 제정하여, 기존의 자유모집을 고쳐 '할당 인원을 총독부의 알선에 따라 이입할 것'으로 바뀌었다.

이것이 후세에 악명을 남기는 '강제연행'이다. 이 강제연행을 전문으로 한 것이 조선노무협회로, 직업소개소와 협력하여 조선 내에서의 모집에 놀라운 솜씨를 발휘하게 된다.

관 알선이므로 국가의 명령으로 조직적이고 계획적으로 징용할 수 있게 되어, 이른바 '조선인 사냥'이 공적 기관에서 공공연하게 이루어지게 되었다.

"강제연행이 진행되면서 조선에서 노동자가 바닥나게 되었다. 군이나 면의 모집계는 어떤 일이 있어도 총독부가 결정한 할당 인원은 반드시 확

보해야 한다는 난처한 처지에 몰렸다. 그렇게 되자 지금까지처럼 그들의 재량에 따른 모집으로는 감당할 수 없게 되었다. 밭에서 일하던 농민이든 길을 걷던 사람이든 닥치는 대로 잡아 트럭에 실었다. 어떤 때는 부락을 포위하고 일망타진하듯 잡아 강제연행하는 '토끼몰이 사냥 작전'이 행해졌다. 거기에는 경찰과 헌병까지도 동원되었다."[하야시 에이다이(林えいだい), 『강제연행·강제노동』 83쪽]

1947년 내무성 경보국이 발표한 '한국병합조약 공포 이후의 재일조선인 인구 추이'(나가사키 재일조선인의 인권을 지키는 모임, 『원폭과 조선인 나가사키 조선인 피폭자 실태조사 제1집』)에 따르면 강제연행자 수는 다음과 같다.

| 연도 | 강제연행자 수 |
| --- | --- |
| 1939년 | 652명 |
| 1940년 | 4,662명 |
| 1941년 | 5,322명 |
| 1942년 | 9,551명 |
| 1943년 | 11,483명 |
| 1944년 | 20,474명 |
| 1945년 | |

그러나 이 숫자를 전적으로 믿는 조선인은 거의 없다. 말하자면, 1945년은 공백으로 되어 있는데, 이런 추이라면 그 해는 25,000명 또는 30,000명으로 추정되며, 결국 1939~1945년까지의 강제연행자 수는 77,144명 또는 82,144명이 된다. 그러나 그렇게 축소된 추정치를 그대로 믿을 조선인은 단 한 명도 없을 것이다. 실제로는 이보다 훨씬 방대한 인원수였음은 지금에야 주지의 사실이다.

우리는 일본 제국주의의 조선 통치, 즉 조선 침략의 총결산으로서 중요한 구성 부분을 이루는 조선인 피폭자 원호법의 제정과 조선 현지에 원폭병원을 건립할 것을 강력히 요구하는데, 그에 이르는 첫걸음으로서 대략 이상의 세 가지로 분류되는 재일조선인 실태조사를 철저히 실시할 필요가 있다. 그것은 일본이 조선을 식민지화한 1910년 8월 29일부터 일본이 연합군에게 무조건 항복하고 조선이 해방과 독립을 쟁취한 1945년 8월 15일까지, 일본 제국주의가 저질러 온 가혹한 식민지 정책에 대해 진심으로 반성하고 참회한다면 당연히 취해야 할 태도이다. 그런데 일본 정부는 패전 후 38년간 시종일관 '의식적'으로 그 작업을 방기해 왔다.

따라서 히로시마와 나가사키에 미군이 원폭을 투하했을 때, 거기에 도대체 얼마나 많은 조선인이 어떤 사정으로 거주하고 있었으며, 어떠한 생활에 처해 있었는가, 또 원폭 피해의 실태는 어떤 것이었는지, 그 이후 귀국한 자와 일본 체류를 여지없이 강요당한 사람들이 어떻게 살아왔는지를 상세하고 구체적으로 계속 조사해야 할 책임이 일본 정부에 부과되어 있는데도 그 책무를 다하지 않고 있는 것이다.

그래서 우리 '나가사키 재일조선인의 인권을 지키는 모임'은 오카 마사하루 시의원(임기 1971~83년)과 함께 나가사키 시의회를 통해 나가사키 시장에게 나가사키 조선인 원폭 피해 백서를 작성하라고 오랫동안 줄기차게 요구했지만, 시장은 말을 이랬다저랬다 번복할 뿐 이에 응하려 하지 않았다. 다만 1980년 3월호 『홍보 나가사키』에서 처음으로 「한국·조선인의 피폭 실태조사에 협조를」이라는 제목으로, 다음과 같이 시민들에게 협조를 요청하였다.

"1945년 8월 9일 나가사키에 원자폭탄이 투하되었을 때, 나가사키시 및 그 주변 지역에는 상당수의 한국·조선인들이 군사 공장과 탄광 등에서 노무에 종사하고, 인근의 함바와 기숙사에 거주하고 있었습니다. 그리고 그 수는 13,000명에서 2만 명이라고도 합니다.

우리 시에서는 원폭 피해 복원 조사와 병행하여 한국·조선인의 당시 거주자 수, 피폭자 수, 사망자 수, 생존자 수 등의 실태조사를 서두르고 있는데, 당시 한국·조선인에 대해 증언해 주실 분을 찾고 있습니다. 아무리 작은 일이라도 좋으니 협조해 주십시오. 연락주시면 담당자가 찾아뵙겠습니다.

◆ 조사 내용
○ 함바·기숙사 소재지, 거주자 수 ○ 당시의 생활 상태 ○ 피폭 당시의 모습 ○ 피폭 후 동태
◆ 연락처 나가사키 국제문화회관"

이 호소와 요청에 대한 시민들의 반응은 극히 저조했으며, 이는 조선인에 대한 나가사키 시민의 무지를 드러내는 데 도움이 됐을 뿐이다.

오랜 세월에 걸친 우리의 추궁과 시민들의 비협조로 속을 태운 나가사키시는 나가사키 원폭 조선인 실태조사를 더 이상 방치할 수 없다고 보았는지, 마침내 1981년 6월에 〈조사 보고·조선인의 피폭〉이라는 전후 최초의 피해 백서를 발표했디.

그에 따르면 "나가사키에서의 조선인 피폭자는 약 1만 2000~1만 3000명, 사망자 수는 약 1,400~2,000명으로 추정된다"라는 극단적으로 낮은 숫자이다. 그리고 2,261명이라는 기초 수를 산정기준으로 삼았다고 설명하고 있으나, 그것은 지나치게 축소된 추정이며 과학적 근거도 제시되지 않았다.

이로써 우리는 전 회원의 총력을 집결하여 나가사키 원폭 조선인 실태

조사를 실시하기로 결심하고, 1981년 7월 5일부터 약 1년간에 걸쳐 시내 전체에 대한 조사 활동에 정력적으로 임하였다. 그때 우리가 검증과 추적 조사를 위해 꼽은 항목은 다음과 같다.

1. 피폭 당시 나가사키 시내 및 주변 동네(町)와 촌에 거주하고 있던 '주민으로서의' 조선인의 각 연차별 인원수와 생활 상태.
2. 나가사키 시내 및 주변 동네와 촌에 존재했던 모든 조선인 노무자의 함바, 숙사, 기숙사, 오두막 등의 위치, 형태, 건축주, 복원도, 고용 주체 등과 조선인 노무자들의 인원수 및 그 노무 상태와 생활 상태.
3. 다수의 조선인 징용 여학생에 관한 실태, 그 거주 장소, 인원수 및 노무 상태와 생활 상태.
4. 조선 현지의 조선인 노무자 일반 모집, 징용, 강제연행 등의 실태.
5. 조선인 노무자를 사역하던 군수공장, 토건업자, 건축업자 등의 실태.
6. 원폭투하 당시 직접 피폭사한 자, 직접 피폭된 자, 입시(入市) 피폭된 자 ―이들 피폭 조선인들의 정확한 인원수와 그 성명, 피폭 장소. 이후의 사망자 수와 그 성명 등.
7. 피폭 이후의 조선인 피폭자들의 동향 ―생활 상태와 이동 상황. 조선인 피폭자에 대한 일본 정부, 나가사키현, 나가사키시의 원호 대책.
8. 조선 귀국 후의 피폭 조선인의 인원수와 생활 상태, 원호 대책 등의 실태.

이러한 우리의 실태조사는 이들 항목을 목표로 1년간 지속하여 실시되었으나 결과적으로는 4~8에 대해서는 거의 착수할 수 없었다. 관계자의 협조와 증언을 얻기가 매우 어려웠기 때문이다.

그러나 우리는 1년간의 추적조사와 관계자의 증언을 통해 어느 정도 추정치를 산출할 수 있었기 때문에, 1982년 7월 31일 『원폭과 조선인: 나가사키 조선인 피폭자 실태조사 제1집』으로 그 성과를 발표하였다. 우리는 그 보고서에서 원폭 당시의 나가사키시 및 그 주변 지구의 조선인 실태에 대해서는 다음과 같이 추정했다.

전 조선인 피폭자 1만 9,391명(약 2만 명)
피폭사 조선인 9,169명(약 1만 명)

그런데 여기에 우리가 간과해서는 안 될 문제가 있다. 그것은 내무성 경보국이 1947년에 발표한 '한국병합조약 공포 이후의 재일조선인 인구 추이'에 '1944년 나가사키현 거주 조선인 5만 9천 573명'이라고 명기되어 있는 숫자와 우리가 발표한 '1945년 나가사키시 및 주변 지구 전체 조선인 피폭자 1만 9,391명, 피폭사 조선인 9,169명'이라는 숫자의 관계이다. 이에 대해 나가사키시 조사자료(1981년 6월)에서는 "1945년의 전국증가 추세로 보면 원폭 낙하 시 약 7만 명의 조선인이 나가사키현 하에 있었을 것으로 추계된다"라고 공표된 바 있다.

검토해야 할 것은 다음의 나가사키현 북쪽 지역에 취업한 조선인 인원수이다.

1) 기타마쓰우라군(北松浦郡)의 탄광(별표 1 참조)

| 이마부쿠마치(今福町) | 도비시마(飛島)탄광 |
|---|---|
| 고사자무라(小佐々村) | 야다케(矢岳)탄광 |

| | |
|---|---|
| 시사마치(志佐町) | 오시사(大志佐)탄광 |
| 시사마치(志佐町) | 신모토야마(新本山)탄광 |
| 시카마치초(鹿町町) | 간바야시(神林)탄광 |
| 가미시사무라(上志佐村) | 가야노키(栢木)탄광 |
| 가미시사무라(上志佐村) | 나가마쓰(長松)탄광 |
| 후쿠시마무라(福島村) | 도쿠요시(德義)탄광 |
| 에무카에초(江迎町) | 에무카에(江迎)탄광 |
| 에무카에초(江迎町) | 센류(潜竜)탄광 |
| 사자초(佐々町) | 요시노우라(芳野浦)탄광 |
| 쓰키노카와초(調川町) | 나카지마에구치(中島江口)탄광 |
| 쓰키노카와초(調川町) | 나카지마(中島)공업본부 |
| 후쿠시마무라(福島村) | 후쿠시마(福島)탄광 |
| 후쿠시마무라(福島村) | 타이노하나(鯛ノ鼻)탄광 |
| 사자초(佐々町) | 사토야마(里山)탄광 |
| 요시이무라(吉井村) | 후쿠이(福井)탄광 |
| 에무카에초(江迎町) | 후카에(深江)탄광 |
| 세치바루초(世知原町) | 마쓰우라(松浦)탄광 |
| 시카마치초(鹿町町) | 히라타야마(平田山)탄광 |
| 이마부쿠무라(今福村) | 도이노우라(土肥ノ浦)탄광 |
| 미쿠리야마치(御厨町) | 미쿠리야(御厨)탄광 |

2) 히가시소노기군(東彼杵郡)의 탄광

| | |
|---|---|
| 오리오세무라(折尾瀬村) | 이와타니(岩谷)탄광 |

이들 탄광에서 노역한 조선인은 약 2만 명으로 추정된다.

다음으로 사세보(佐世保) 지구에서 노역했던 조선인은 약 1만 명으로 추정된다.

### (1) 사세보시의 탄광

| 오리하시초(折橋町) | 닛신(日進)탄광 |
|---|---|
| 시이노키초 (椎木町) | 미후네(御船)탄광 |
| 나키리초(名切町) | 다케마쓰(竹松)탄광 |
| 야마테초(山手町) | 나키리(名切)탄광 |
| 아카사키초(赤崎町) | 이시타케(石嶽)탄광 |

### (2) 사세보 해군 진수부 관계 제반 작업

① 하리오지마(針尾島)의 매립 작업, 기타 제반 작업

따라서 나가사키현 전체 7만 명에서 '현의 북쪽 2만 명, 사세보 지구 1만 명'을 제하면 나머지는 4만 명이 된다. 전시에는 오무라(大村) 및 이사하야(諫早) 지구에는 많은 조선인이 거주하지 않았다는 사실은 두 시의 시사(市史)가 말해주고 있다. 그러므로 이 4만 명은 당연히 나가사키시와 그 주변 지구에 거주 및 취업하고 있었던 셈이 된다.

그런데 우리 조사에서는 나가사키시가 1만 9,391명 이상(실제로는 약 2만 이상으로 추정된다)이 되면, 그 차이 2만여 명의 오차는 어떻게 해석해야 할까. 이 점에 대해 우리는 다음과 같이 추정했다.

"나가사키시 및 그 주변 지구에 플러스 5천 명, 나머지 1만 5천 명은 도서(島嶼)부."

이 경우 '도서부'란 니시소노기군(西彼杵郡)의 다음 각 섬을 가리키는 것이다.

| 다카시마초(高島町) | 다카시마후타고갱(高島二子坑) |
|---|---|
| 다카하마무라(高浜村) | 하시마탄광(端島炭砿) |
| 이오지마무라(伊王島村) | 이오지마탄광 |
| 고야기무라(香燒村) | 고야기탄광, 가와나미조선(川南造船) |
| 사키토초(崎戶町) | 사키토탄광 |

당시 사키토초의 가키노우라시마(蛎浦島)에는 미쓰비시광업 주식회사 사키토탄광이라고 하는 큰 탄갱이 있었고, 다카시마·하시마에도 미쓰비시광업 주식회사 다카시마 후타고갱·하시마탄광이 있었고, 이오지마에는 나가사키광업 주식회사 이오지마탄광이 있었다. 또 고야기지마에는 가와나미공업 주식회사 고야기탄광이 있었고, 게다가 가와나미조선도 있었는데, 이들 다섯 섬에 약 1만 5천 명의 조선인 노무자가 거주하면서 강제노동에 종사하였을 것으로 추정하는 것은 지극히 과학적이며 합리적이라고 판단된다.

나가사키 조선인 피폭자 실태조사 제1집 서론에서 우리는 "실태조사는 앞으로도 지속적이고 정력적으로 그리고 구체적으로 실시해 나갈 필요가 있다. 특히 이번(1981년 7월 5일로부터 약 1년간) 조사 작업에서 손을 대지 못한 고야기, 이오지마, 다카시마, 하시마 등에 대한 추적 조사를 계속 진행하겠다는 결의를 다지고 있다. 결국 이들을 포함한 나가사키시 주변 전 지역의 조선인 총수는 3만 5천 명 안팎일 것이다"라고 기술했다.

이 도서부에 대한 조사, 즉 제2차 조사는 나가사키 대수해(1982년 7월 23일)의 재해복구 등에 쫓겨 실제로 착수한 것은 1982년 10월부터이며, 이는 올해 7월까지 계속되었다. 오랜 고난의 나날이었다. 나가사키 오하토(大波止)의 선창에서 정기선을 타고 이오지마나 다카시마로, 나가사키시 후카보리초(深堀町)에서 육지로 이어지는 고야기초로, 노모자키초 노노구시항(野々串港)에서 어선을 전세 내어 무인도인 하시마로 —우리는 비가 오나 바람이 부나 무더위가 기승을 부리는 날이나 할 것 없이, 녹음기와 노트와 카메라, 지도 등을 가지고 길을 나섰다. 그렇게 찾아간 곳은 관청이고 주민이며, 탄광이자 조선소 관계자 등이었다. 이렇게 정리하여 쌓아 올린 실태조사 자료와 증언은 다음과 같다.

〈별표 1〉 나가사키현 북부 지구(기타마쓰우라군 및 사세보시)의 탄갱 소재 시정촌(市町村)의 패전을 경계로 하는 인구의 비교(증감)표

| 시정촌 | | 연차 1944년 2월 22일 현재 | | | 1945년 11월 1일 현재 | | | 패전을 기점으로 한 인구의 비교, 증감 |
|---|---|---|---|---|---|---|---|---|
| | | 합계 | 남 | 여 | 합계 | 남 | 여 | |
| 사세보시 | | 241,239 | 119,729 | 121,510 | 147,617 | 72,356 | 75,261 | -93,622 |
| 기타마쓰우라군 | 후쿠시마무라 (福島村) | 5,708 | 3,256 | 2,452 | 6,941 | 3,740 | 3,201 | +1,233 |
| | 에무카에초 (江迎町) | 13,703 | 7,331 | 6,372 | 12,271 | 5,811 | 6,460 | -1,432 |
| | 시카마치초 (鹿町村) | 15,802 | 8,558 | 7,244 | 13,264 | 6,339 | 6,925 | -2,538 |
| | 고사자초 (小佐々町) | 10,408 | 5,407 | 5,001 | 10,184 | 4,907 | 5,277 | -224 |
| | 사자초 (佐々町) | 15,198 | 8,059 | 7,139 | 14,488 | 6,907 | 7,581 | -710 |
| | 요시이무라 (吉井村) | 5,662 | 2,780 | 2,882 | 6,819 | 3,221 | 3,598 | +1,157 |
| | 세치바루초 (世知原町) | 8,271 | 4,433 | 3,838 | 7,837 | 3,699 | 4,138 | -434 |

총리부통계국발행 『쇼와19년 및 20년 인구조사집계결과개요』(116~117쪽)

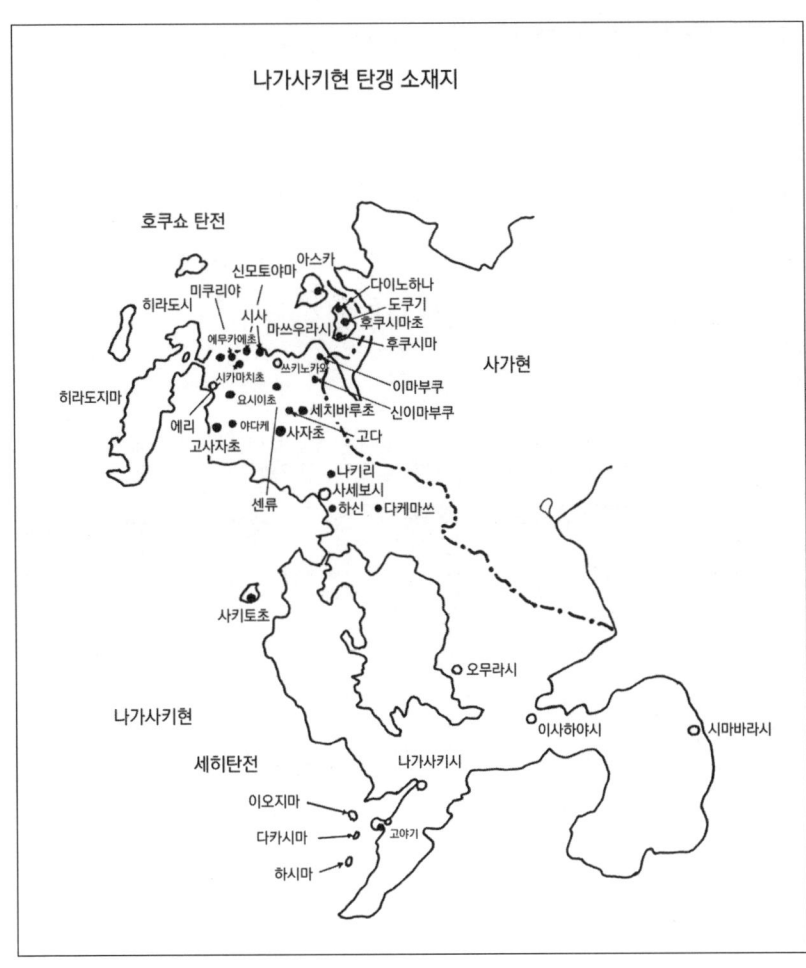

## 2. 조사 보고

### 1) 이오지마

#### (1) 이오지마와 조선인의 역사

나가사키의 오하토 선창에서 정기선을 타고 30분 정도 가면 이오지마의 후나쓰(船津) 부두에 닿는다.

이오지마무라(伊王島村)는 이오지마와 오키노시마(沖之島)로 이루어져 있으며 총면적 약 50만 평(1,650㎢), 남북 3,500m, 동서 700m로 두 섬은 다리로 이어져 있다. 이오지마에 대해 구전되고 글로 남은 문헌은 많지만, 가장 오래된 것은 진구 황후(神功皇后 서기 391년경)에 대한 것으로, 황후가 이오지마를 '아름다운 섬'이라고 칭송하고 축하했다는 구전이 남아 있다.

또한 헤이안(平安)시대 후기 지쇼(治承) 원년(서기 1177년), 슌칸(俊寛)이라는 승관이 이 섬으로 유배되어 왔다고 전해지는 유적도 있다.

이오지마(및 오키노시마)가 역사의 무대에 등장하는 것은 아마도 1571년 나가사키 개항 이후일 것이다. 오무라 스미타다(大村純忠)가 나가사키와 모기(茂木)를 예수회에 양도하고 주권은 보유하면서 영토의 지배권을 교회에 맡겨 '치외 법권의 마을'로 삼은 1580년부터 1614년 도쿠가와 이에야스(德川家康)의 대금령에 이르는 동안, 이오지마는 크리스천의 잠복지 또는 추방지가 되었음이 문헌을 통해 확인된다. 시마바라의 난(島原の乱, 1637년)을 계기로 쇄국이 완성되고(1639년), 기독교 신자에 대한 탄압이 강화되었으며, 1630년에는 이오지마와 오키노시마에 이국선을 감시

하는 대기소가 설치되었다. 1690년, 이 섬은 네덜란드 무역선과 상거래의 협의 장소가 되었다(엥겔게르트 켐퍼의 『에도참부여행일기』). 이오지마의 인근 섬에서 고헤이다(五平太)가 석탄을 발견한 것은 1710년이다.

영국 함대 페이튼호가 이오지마 앞바다를 통과하면서 페이튼호 사건이 일어난 것이 1808년으로, 감시 대기소는 강화되었고 이듬해에 처음으로 이오지마와 오키노시마에 포대가 설치되었다.

섬 전역의 주택을 그린 나베시마(鍋島) 지도(그 날짜는 1826년)가 있는데, 거기에는 후나쓰 185, 다이묘지(大明寺) 96, 오키노시마 69, 마고메(馬込) 20, 잇뽄마쓰(一本松) 13 등 합계 383호의 주택이 표시되어 있다.

다카시마탄갱이 생기고 이오지마의 어업도 활발해지고 농업 또한 넓게 개간되기 시작한 것은 1865년경이다.

1889년, 이오지마와 오키노시마를 합쳐 '이오지마무라'를 구성하고 촌장을 두어 자치제가 이뤄지는데, 두 섬을 연결하는 이오하시(伊王橋) 다리가 생긴 것은 1911년이다.

후나쓰 부두가 구축된 것은 1917년으로, 당시 전업 어업 가구 115호, 겸업 어업 가구 95호, 전업농가 186호, 겸업농가 77호로 기록되어 있다.

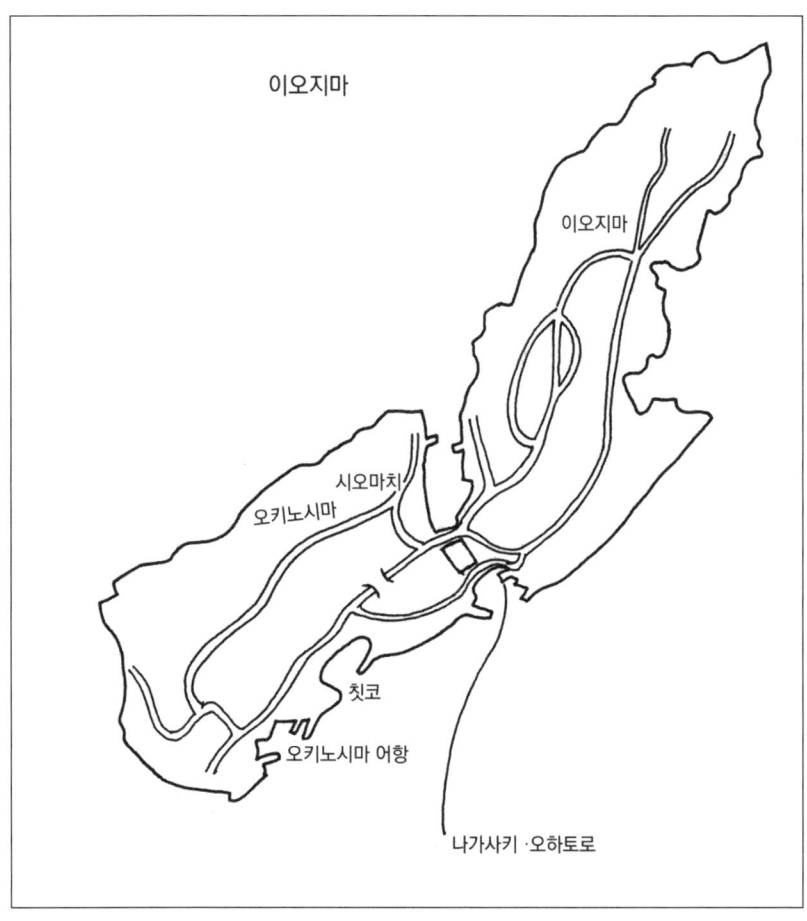

오키노시마 지역에 미쓰비시가 시추했지만 석탄이 없는 것으로 판정되어 실망에 빠진 것은 1933년의 일이다.

그러나 1935년 가을에는 마쓰무라 시게루(松村茂) 씨[후쿠오카현(福岡県) 가호군(嘉穂郡) 가호광업소 상무]가 오키노시마의 노리코시(乗越)에 시추하여, 같은 해 말 탄층에 도달하자 유망하다는 것을 인정하고 회사를 창립하여 채굴을 시작하게 된다.

이오지마의 북부는 요새지대로 지정되고 갱도를 파는 장소를 오키노시마로 변경한 것은 1936년이다. 이 해부터 주민들은 가와나미조선소를 통해 배를 마련하여 통근하기 시작했다.

그 후, 1939년 8월 나가사키광업 주식회사가 메이지광업, 일본제철, 닛테쓰광업, 미쓰비시광업 및 주식회사 나카노상점 등 4개사의 공동출자에 의해 자본금 800만 엔으로 설립되었다.

1939년 전신전화가 뚫리고 나가사키광업 주식회사가 설립되어 항구 구축에 착수했다. 탄광의 갱도를 파기 시작한 것은 1941년 2월 11일로, 나카마치(仲町)의 매립 공사가 개시된다. 그해 태평양 전쟁이 발발해 물자 결핍과 인력 부족으로 공사는 어려움을 겪지만, 고야기-이오지마 간 배전시설은 완료된다.

항구 구축 공사는 항구 내부가 완성되어, 200톤 규모의 돛단배 및 500톤급 기선의 측면입항이 가능해졌다. 또 8미터 안벽도 완성되어 6,000톤급 기선의 측면입항까지 가능하게 되었다. 그뿐만 아니라 수송 역시 좋은 조건을 갖췄다.

전등이 켜지고 수도도 갖추어지고 교통도 편리해졌다. 그 밖에 이 해에는 탄광병원과 화약고도 준공되고, 소학교도 국민학교로 개칭되었는가 하면 소방단도 경방단으로 개칭되어 국가총력전으로 돌입하게 된다.

태평양 전쟁(당시 대동아전쟁이라 칭함)이 점차 치열해지면서 일손 부족으로 조선인 노무자를 이입시켜 석탄 증산에 박차를 가하게 된 것은 1943년으로, 연말까지는 탄층까지의 갱도도 완성되어 이듬해 석탄을 처음으로 캐내었다.

광구(鑛區)는 이오지마와 오키노시마 및 그 주위의 해면에 걸쳐 731만 2,880평이다.

경사가 20도 40분 정도 되는 사갱[혼오로시(本卸, *석탄이나 자재를 운반하는 갱도) 및 쓰레오로시(連卸, *광부가 출입하는 갱도)] 약 1,100미터를 굴진하여 전 층에 각각 굴을 뚫었는데, 주로 높이 1.5미터가량의 탄층을 뚫고 탄을 캐는가 하면 3미터 높이의 탄층에 굴을 파는 작업들을 하였다.

작업은 8시간 3교대제를 채택하고 있었다.

이오지마탄광은 탄량과 탄질이 모두 풍부하고 우수한데, 해저 채굴임에도 불구하고 전 광구의 내부가 위험 없이 채굴할 수 있으며(해저 아래 150m 이하), 또 섬 전체 산악 구릉지에서 토지 침하의 피해가 없다는 사실을 자랑스럽게 여겼다.

육군의 주둔 부대 2개 중대가 이오지마 북부를 점거하여 주민들의 왕래를 감시하고, 또 전시 체제하의 봉사 작업이 강제되기 시작한 것도 바로 1943년부터이다.

조선인 나가야가 즐비해 있던 이오지마·시오마치

그런데 이오지마초 향토지(1972년)에 따르면 "1945년 탄광도 이윽고 성황을 이루려 할 때, 나가사키에 원폭이 투하되고 이오지마도 폭풍에 피해를 보았다. 징용공, 동원 학도 피폭사, 8월 15일 무조건 항복 보도. 조선인도 종전과 함께 떠나고 탄광도 좌초되었으며, 복원 군인들과 더불어 식량난을 겪게 되고 발진 티푸스가 유행하여 고생하였다(이하 생략)"라고 되어 있다.

가호와 나가사키 두 회사가 합병된 것은 1953년인데, 이듬해 9월 1일에는 가호나가사키광업(주)은 닛테쓰광업(주)과 합병한다. 1962년 5월 20일에 초제[町制, *지자체 행정구를 초(町) 단위로 구성하는 제도]가 시행되는데, 1965년에는 광업소의 갱내가 폭발하여 30명의 순직자를 내는 대형 사고가 발생한다.

1941년 2월 11일, 나가사키광업 주식회사 이오지마 광업소로 발족한 지 만 31년여, 부근의 바다는 경치가 좋고 수산물이 풍부하여 탄광으로서는 비할 데 없는 좋은 환경에 위치하였다. 1970년 탄의 출하량이 41만 톤에 달해, 제철업의 원료로서, 한때는 도쿄가스의 원료로서의 사명을 다해온 이오지마탄광은 1972년 3월 30일 폐광했다.

이오지마에 있었던 조선인 노무자의 실태는 신와(親和)상사가 제공한 '자료'와 주민의 증언을 통해 어느 정도 확증을 얻을 수 있었다.

【참고 자료】

신와상사 주식회사 사세보 지점[사세보시 마쓰바라초(松原町) 28번지, 이사 지점장 사토 슈지로(佐藤周治郎) 씨, 차장 도쿠야마 미쓰오(德山光

夫) 씨] 제공 자료

1982년 10월 11일

닛테쓰광업 주식회사 이오지마 광업소

〈기록에 기초한 서류 정리 상황〉

(a) 문서 취급 책임자 회의의 개최 통지에 따르면 다음과 같이 '서류 정리'가 의제로 되어 있지만, 그 내용에 대해서는 기록이 없어 불분명하다.

    가. 1957년 9월 27일 '서고 정리의 건'
    나. 1960년 10월 25일 '문서 보존 연수의 개정에 대하여'

담당자, 현 본사 영업부 후쿠하라 하지메(福原肇)

(b) 1964년 4월 1일 문서 보존 연한 개정을 계기로, 같은 해 11월 보존 연한을 넘긴 문서를 각 과가 모두 소각해 서고를 정리했다. 덧붙여 정리 상황을 같은 해 11월 26일~12월 14일 감사했다.

담당자, 1965년 8월 퇴직, 히라노 쇼이치(平野昭一)

소각 문서의 내용은 불분명하다.

    (참고)
    나가사키광업 본사 사옥[하시모토(橋本)상회 2층] 전소 1947년 10월 2일

나가사키광업 본사 사옥(현 출장소) 건축 1949년 9월 30일
가호광업과의 합병에 따른 이전(본사→광업소) 1953년 6월
해당 사무소 (현)사무소 건축 1948년 7월 11일
(현)서고 건축 1956년 5월

〈조선인 관련 서류 보존 문제〉

(a) 일시: 1970년 9월 2일
    16시 10분 ~ 16시 25분
    대상: 공작과 기계계 기술 2, 나카노 데루카즈(中野輝和)
    (1944년 3월 30일 이후 이오지마 근무)
    내용: ① 종전 후 각 과가 일제히 서류 정리(소각)를 하였는지 알 수 없다. 또 그 후의 서류 정리 상황도 알 수 없다.
    ② 종전 당시의 사무소는 서무, 회계, 업무의 각 과는 현재의 미쿠리야(御厨) 계장 사택에 있었고, 근로과는 현 노조사무소에 있었고, 나는 당시 선반공으로 현 기계공장에서 일하고 있었기 때문에 사무실의 동향은 몰랐다.

(b) 일시: 1970년 9월 2일
    16시 35분~16시 45분
    대상: 보안 감독원 부참사, 후쿠자와 데루오(福沢照男)
    (1944년 6월 18일 이후 이오지마 근무)
    내용: ① 종전 후 나는 일개 굴진계원이었기 때문에, 전후 특정 목적을 위해 서류정리(소각)를 했는지 어땠는지 모른다.

② 이하 추론이지만, 당시 이 사무소에서는 조선인 관련의 트러블이 극히 적었기 때문에 관련 서류를 소각하는 일은 없지 않았을까.

(c) 일시: 1970년 9월 2일
    10시~10시 20분
   대상: 총무과 총무계 주임 1, 히로마쓰 다케히코(広松武彦)
    (1945년 11월 19일 이후 이오지마 근무)
   내용: ① 1947년 10월 2일 나가사키광업 본사(하시모토상회 2층) 전소 당시, 중요 서류가 소실되었다고 들었다.
    ② 서류 정리(소각)는 닛테쓰와 합병 후에 시작하여 문서 취급 책임자 회의 등을 통해 일원적으로 정리(소각)된 것으로 기억하고 있으며, 그 이전에는 각 과에서 적절히 정리(소각)했다고 생각한다.

(d) 일시: 1970년 9월 3일
    10시 15분 ~ 10시 20분
   대상: 근로과 노동계 주임 2, 메하라 아이시(目原愛士)
    (1945년 10월 21일 이후 이오지마 근무)
   내용: ① 사무소 이전(1947년 7월) 시에는 보존 서류가 적고 이전에 따른 서류 정리(소각)는 하지 않았다고 생각한다.
    ② 상기 ① 이후의 정리(소각) 상황은 관여하지 않았으므로 모른다.

### 〈조선인 광부에 관한 것〉

① 인원 및 기간

이 사무소의 조선인 광부 수용은 1943년 1월 수용을 시작으로 하고, 1945년 4월 수용을 마지막으로 하였다. 그 총인원은 474명이다.

② ③ ④ 사망자와 그 상황 및 유골

이 사무소의 수용 조선인 광부 중 사망자는 14명이며, 사망 이유, 사망 상황, 유골 처리 등은 별표와 같다.

[총괄]
사망자 14명

· 순직자 12명
   조선인 광부 관리계가 지참한 후 송환  4명
   연고자에게 인도 완료  2명
   조선인 단체 관계자에게 인도 완료  6명

· 병사자 2명
   연고자에게 인도 완료  1명
   조선인 단체 관계자에게 인도 완료  1명

⑤ 공양의 형식

*순직 시에는,

○ 유족, 기타 관계자에 대한 타전 및 속보.

○ 장례식의 집행: 확대 사진 등의 물자 입수가 곤란하던 때에 화환, 향, 양초 등의 입수, 다과 제공 등.
○ 사찰이나 병원에 대한 사례.
○ 유족의 장례 참석, 왕복 여비를 회사가 부담하여 정중히 장사지냈다.

*이후 인수자가 없는, 이른바 미처리 유골 7구(그중 1구는 병사자)는 회사 비용 부담으로 사찰에 안치 공양하였고, 1946년 6월 조선인 단체 관계자가 찾아와 인도 방법을 알려달라는 요청이 있어, 이쪽이 공양을 올린 후 정중히 보내었다.

이후, 1953년 10월 17일에는 사업소의 높은 지대에 약 20만 엔을 들여 화강암으로 된 위령탑을 건립하고, 이후 매년 가을에는 연례적으로 모든 순직 정령의 합동 위령제를 집행하여 명복을 기원하고 있다.

*사적인 병사자의 경우는, 기업으로서는 그 성격상 순직자와 같게는 못하지만, 정중히 장사를 지내었다.
또 사적으로 병사한 자 중 인수자가 없는 유골 1구에 대해서도 전술한 조선인 단체 관계자에게 전달하였다.

⑥ 인수자가 없는 유골의 처리
(해당 사항 없음)

⑦ 공양에 대한 사고방식
종래와 같이 이곳 순직자로서의 공양을 계속하고자 한다. 또한 노오가

타시(直方市)에 건립 예정인 석탄기념관 부지 안에 위령탑을 건립할 계획에 있으므로, 업계의 의견 일치가 이뤄지면 이에 모든 것을 맡겨 정중히 공양해도 될 것으로 보고 있다.

⑧ 조선인 광부에 관한 자료

일본인 광부에 관한 자료와 마찬가지로 조선인 광부 관련의 자료도 사내 규정에 따라 보존 기한이 도래한 후에는 순차적으로 정리 소각하고 있으며, 또한 1947년 10월 2일 이 회사의 전신 회사의 본사가 전소했을 당시 대부분의 중요 서류를 소실했기 때문에 제대로 된 자료라 할 만한 것이 없다.

덧붙여 사원의 세대교체, 즉 현재의 근무자는 전후의 외지 귀환자나 국내의 타사업소로부터의 전근자가 대부분으로, 얼마 안 되는 전쟁 전 입사자도 다른 업무의 담당, 전후의 복원 등으로 당시에는 본 건에 대해서는 전혀 관련이 없는 자들뿐이다.

이러한 상황에서 일련번호를 채택할 필요가 있어, 일본인과 조선인을 구별하지 않고 자격의 취득 연월일 순으로 기재해야 했기 때문에, 간신히 소실을 면한 건강보험, 후생연금보험 피보험자격득표 신고 영수증, 혹은 모든 금전 출납을 기록한 장부, 소관 관청에 대한 재해 보고서 첨부도, 후생연금보험 피보험자 업무상 사상자의 영수증 등 객관적인 자료가 있는 것은 이에 따르기로 하고, 나아가 고령자의 말에 따라 보충하여 이상의 설문 응답을 작성했다.

회사가 건립한 순직자 위령탑

이오지마탄광의 갱도 부근과 조사단

사망 조선인 광부 명부(이오지마광업소)

| 번호 | 이름 | 생년월일 | 접수 일자 | 사망일 | 사망 이유 | 사망 상황 | 유골 처리 |
|---|---|---|---|---|---|---|---|
| 1 | 호다 돌이 (法田乭伊) | 1912.4.5 | 1943.12.10 | 1944.7.17 | 순직 | 1944.7.17. 7:30AM 우○편(右○片, *갱도의 수평 및 깊이 정도를 나타내는 것으로 원서를 그대로 옮김. 이하 동일) 상부 추가연결부에서의 낙반으로 늑골골절 및 폐 손상 때문에 같은 날 8:00AM 사망 | 1944.11. 조선인 광부의 관리계가 유골을 지참 후 송환했다. |
| 2 | 오야마 추재 (大山秋載) | 1908.5.5 | 1944.2.1 | 1944.9.24 | 〃 | 1944.9.24. 7:00 탄차갱도 교차지점에서 탄차와 파쇄기에 끼어 왼쪽 가슴 타박상, 왼쪽 하퇴부타박상으로 다음 날 24일 15:00 사망 | |
| 3 | 고야마 귀아 (湖山貴児) | 1915.6.4 | 1944.10.3 | 1944.10.14 | 〃 | 1944.10.14. 2:00 우○편 굴진 막장에서의 낙반으로 두개골 골절, 전두부 타박상으로 같은 날 2:20 사망 | |
| 4 | 마쓰모토 봉구 (松本鳳求) | 1913.9.30 | 1944.7.5 | 1944.10.24 | 〃 | 1944.10.24. 23:30 오른쪽 수평 3여 미터 갱도 분기점에서의 낙반으로 두개저골절, 우대퇴부 하단 피하골절로 같은 시각 사망 | |
| 5 | 가라야마 연성 (辛山演晟) | 1914.12.22 | 1944.11.16 | 1945.1.5 | 〃 | 1945.1.5. 3:40 갱 내 교차지점에서 탄차와 파쇄기 사이에 끼어 늑골피하 골절, 골반(환골)피하 골절, 왼쪽 대퇴부 중앙 피하골절로 같은 날 4:00 사망 | 1945.1. 유골 수령을 위해 방문한 이와야마 용기(岩山竜己)에게 전달 완료. |
| 6 | 야마모토 황범 (山本黃範) | 1902.3.1 | 1943.1.15 | 1944.11.12 | 〃 | 1944.11.12. 18:40 좌(左)○편 석탄반출 갱도 굴진 막장에서의 낙반으로 전신 타박, 오른쪽 대퇴부 피하 골절로 같은 날 18:50 사망 | 1945.11. 유골 수령을 위해 방문한 야마모토 양웅(山本良雄)에게 전달 완료. |

---

1) 유족이 가지러 오지 않아 이오지마무라(당시) 엔쓰지(円通寺)에 맡겨두었는데, 1946년 6월 조선인 단체 관계자가 방문하여 인수 방법을 요청함에 따라 이쪽에서 보냈다.

| 번호 | 이름 | 생년월일 | 접수일자 | 사망일 | 사망이유 | 사망 상황 | 유골 처리 |
|---|---|---|---|---|---|---|---|
| 7 | 서연수<br>(徐延寿) | 1911.2.19 | 1943.12.10 | 1945.2.1 | 〃 | 1945.1.31. 11:30 좌○편 1 권승연승(*사고위치를 나타내는 것으로 원서를 그대로 옮김. 이하 동일)에서의 낙반으로 외상성 장관 파열로 다음날 2.1. 11:30 사망 | 1[1)] |
| 8 | 김천만<br>(金天満) | 1926.3.26 | 1944.2.1 | 1945.2.26 | 〃 | 1945.2.26. 21:40 좌○편 5 반승승 막장에서의 낙반으로 두개저골절, 요추골절로 같은 날 22:00 사망 | |
| 9 | 가네야마 창배<br>(金山昌培) | 1915.10.1 | 1944.7.5 | 1945.2.26 | 〃 | 1945.2.26. 21:40 좌○편 5 반승승 막장에서의 낙반으로 두개저골절, 늑골 피하골절로 같은 날 22:00 사망 | |
| 10 | 엔자크 제희<br>(延若済熙) | 1915.1.10 | 1944.11.16 | 1945.2.26 | 〃 | 1945.2.26. 21:40 좌○편 5 반승승 막장에서의 낙반으로 요추골절로 같은 날 23:05 사망 | |
| 11 | 나카가와 인건<br>(中川寅建) | 1915.4.5 | 1944.11.16 | 1945.2.26 | 〃 | 1945.2.26. 21:40 좌○편 5 반승승 막장에서의 낙반으로 두개저골절, 골반 골절 내출혈로 같은 날 22:00 사망 | |
| 12 | 오야마 기용<br>(大山基竜) | 1923.10.5 | 1943.1.15 | 1945.5.9 | 〃 | 1943.7.12. 14:50 제3 지하부에서 탄함이 탈선하여 요추골절로 나가사키의대 병원[시라베 라이스케(調来助) 외과]에서 1945.5.9. 3:05 사망 | |
| 13 | 아라이 승용<br>(新井勝竜) | 1901.3.10 | 1943.1.15 | 1943.7.13 | 병사 | 1943.6.24. 나가사키시 이데(井手)병원에 입원. 1943.7.13. 같은 병원에서 병사 | 2[2)] |
| 14 | 우치야마 성옥<br>(内山成玉) | 1905.4.6 | 1945.4.1 | 1945.6.15 | 병사 | 1945.6.14. 식중독으로 다음날 사망 | 3[3)] |

2) 1943년 7월. 사망자의 처를 불러 전달 완료.
3) 상기 7~12와 같이 이쪽에서 전달하였다.

제1부 나가사키 주변의 도서부

(2) 조선인에 관한 증언

## 조선인들과 가깝게 지냈다

- 
- 

[ 이　름 ]　　히라도 ○○
[ 나　이 ]　　82세
[ 성　별 ]　　여자
[ 생　년 ]　　1900년생
[ 거 주 지 ]　 나가사키현 니시소노기군(西彼杵郡)
[ 증 언 일 ]　 1982년 10월 11일

여기서부터 오와타리 덴지로(大渡伝次郎) 씨의 저택이었어요. 오와타리 씨가 사서 집을 넓혀서 만들었어요. 원래 이곳은 조선인이 살았어요. 음, 열네다섯 명이나 있었죠.

모모 씨 집은 그쪽이에요. 우리 집은 그 옆이었고요. 조선인과 가깝게 지내긴 했지만, 말이 거 참…. 문수, 치요코 씨가 있었어요. 치요코 씨는 일본어를 조금 할 줄 알았거든요. 건너편 물가에 판잣집이 있었어요, 전쟁 중 탄갱이 생긴 후 해변도 매립했습니다.

오카무라 타쓰오(岡村達雄)
니시다 히로시(西田広志)
오시가타 히데유키(押方秀之)

## 친했던 조선인들 이야기

- 
- 

[ 이 름 ]　　사토 ○○
[ 나 이 ]　　76세
[ 성 별 ]　　여자
[ 생 년 ]　　1906년생
[ 거 주 지 ]　나가사키현 니시소노기군
[ 증 언 일 ]　1982년 10월 11일

　그 사람들은 탄갱이 처음 열렸을 때 오셨어요. 탄갱이 열렸을 때 옆집의 옆집에 있었어요. 니시우라(西浦)의 그곳으로 가는 길에 있던 다 허물어진 집에 우리는 살고 있었지요. 오와타리주점(大渡酒店) 앞으로 난 길을 쭉 직진해서 막다른 곳에 있는 집이 오와타리 덴지로 씨 집인데, 바로 그 옆집이었어요. 299번지입니다. 조선인이 살았던 집은 지금 새로 고쳐서 덴지로 씨 집이 되었어요.

　그래요, 전쟁 나기 전부터 쭉 오래 살았어요, 열네댓 명이. 조선 이름이 아니었어요, 다 기억납니다. 음, 나카무라(中村), 후쿠시마(福島), 또 나카무라(中村)―이 사람이 우두머리였어요. 함바 우두머리(飯場頭)인데 부인도 있었답니다. 아이는 문수라고 했어요, 아들이었는데. 또 치요코 씨가 있었어요. 치요코 씨의 남편은 호시노(星野)라고 했지요. 나카무라라는 성을 가진 사람이 세 사람 있었어요. 모두 독신인데, 우두머리만 달랐지요. 또 미우라(三浦)라는 사람, 미야자키(宮崎)에 요시무라(吉村)라는 사람도 있었고요. 지금은 어디 사는지 몰라요. 또 다른 사람들도 있었는데….

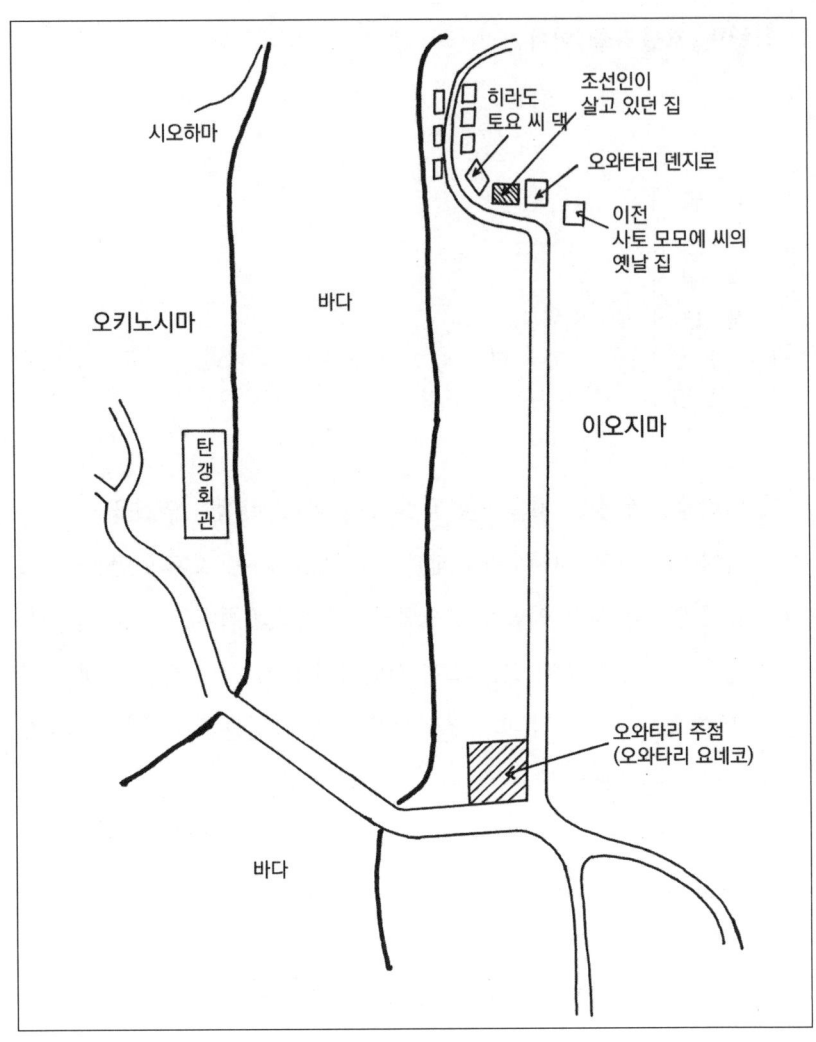

탄갱이 막 생겼을 때 왔는데, 몇 년도인지는 모르겠어요. 탄갱이 막 열렸을 때였다는 것만 알아요. 집을 막 샀던 때라, 나는 항상 왕래하며 사이좋게 지냈지요. 갱도를 다 내고 나서 얼마 있다가 떠나버렸어요. 한 2, 3년은 있었지요, 아마? 다들 떠날 때까지.

아, 옛날에 저쪽 시오마치(塩町)에요, 염전이 있었지요, 그 안쪽에 그러고 보니 뭔가 있었네요. 시오마치는 바다 건너편이라 잘 몰라요. 있었겠지만, 그래도, 잘 모르겠어요. 조선 사람은 여기 있던 사람들만 알았죠.

집에 자주 와서 아버지라느니 어머니라느니 할머니라느니 이런 말을 자주 했습니다. (일본인과의) 싸움은 없었습니다. 차별하는 일은 없었어요. 일은 말이죠, 다리를 건너 탄갱 쪽으로 매일 나갔지요.

이쪽 일이 끝나고 나서 고야기인가 어딘가로 가버렸어요. 그 사람들이 떠나고 나서, 어디로 갔을까, 그런 얘기를 하곤 했지요. 아까 말한 문수는 군인이 어쩌고 하는 이야기를 했는데, 역시 군대에 갔으려나? 문수는 나가사키공업에 다녔는데, 체격이 좋았거든요.

시오마치 쪽은 잘 몰라요, 아버지는 어부였고, 나는 아무 일도 안 하니까 시오하마(塩浜) 쪽은 자주 봤죠, 마을 안으로 들어가면 오른편으로 있었어요. 종전 무렵에는 많이 생겼었어요, 단층 판잣집으로 지은 나가야(長屋)들이. 칸칸이 나뉘어서. 지금 아파트가 서 있는 부근이요. 마을 앞에 있던 우물을 지나 안으로 들어간 곳이었어요. 고지대 쪽에요. 우물 이쪽에는 큰 독신자 기숙사(寮)가 있었어요. 우물 옆쪽에 독신자 기숙사가 있었지요. 거기는 일본인이 살았는데, 조선인도 있었는지는 모르겠어요. 5층 건물이었어요. 전쟁 중에도 있었으니까.

조선인 중 노인은, 반은 알고 반은 몰라요. 일본어는 몰랐어요. 나는 그나마 왕래가 있어서 조금은 알고 있지요. 벌써 옛날 일이잖아요.

오카무라 타쓰오<br>
니시다 히로시<br>
오시가타 히데유키

## 함바를 잘 알고 있었다

[ 이　름 ]　오타 ○○ / 우쓰 ○○ / 마쓰시타 ○○
[ 나　이 ]　61세 / 52세 / 48세
[ 성　별 ]　남자 / 남자 / 여자
[ 생　년 ]　1921년생 / 1930년생 / 1934년생
[ 거 주 지 ]　나가사키현 니시소노기군
[ 증 언 일 ]　1982년 10월 12일

이곳 시오마치에는 전쟁 중에 기숙사가 많이 세워졌다고 합니다. 우리들은 전쟁이 끝나고 복귀하고 나서 여기에 정착한 사람이 많습니다. 당시 남아있던 건물이나 들었던 이야기를 생각해 보면, 석탄을 캐던 갱구 부근에서부터 목조 2층 건물의 6칸짜리 나가야, 8칸짜리 나가야 혹은 단층 2칸짜리 나가야, 4칸짜리 나가야가 늘어서 있었는데 그 대부분에 징용됐던 조선인들이 살았던 것 같습니다. 자세한 것은 모르지만. 현재 터널 입구 근처에도 나가야가 있고 공동 목욕탕이 있고, 그 토대석도 남아있습니다.

그걸로 추정해서 계산해 보면 조선인은 여기에 600명 내지는 1,000명 이상이 있었던 셈이죠.

오카무라 타쓰오
니시다 히로시
오시가타 히데유키

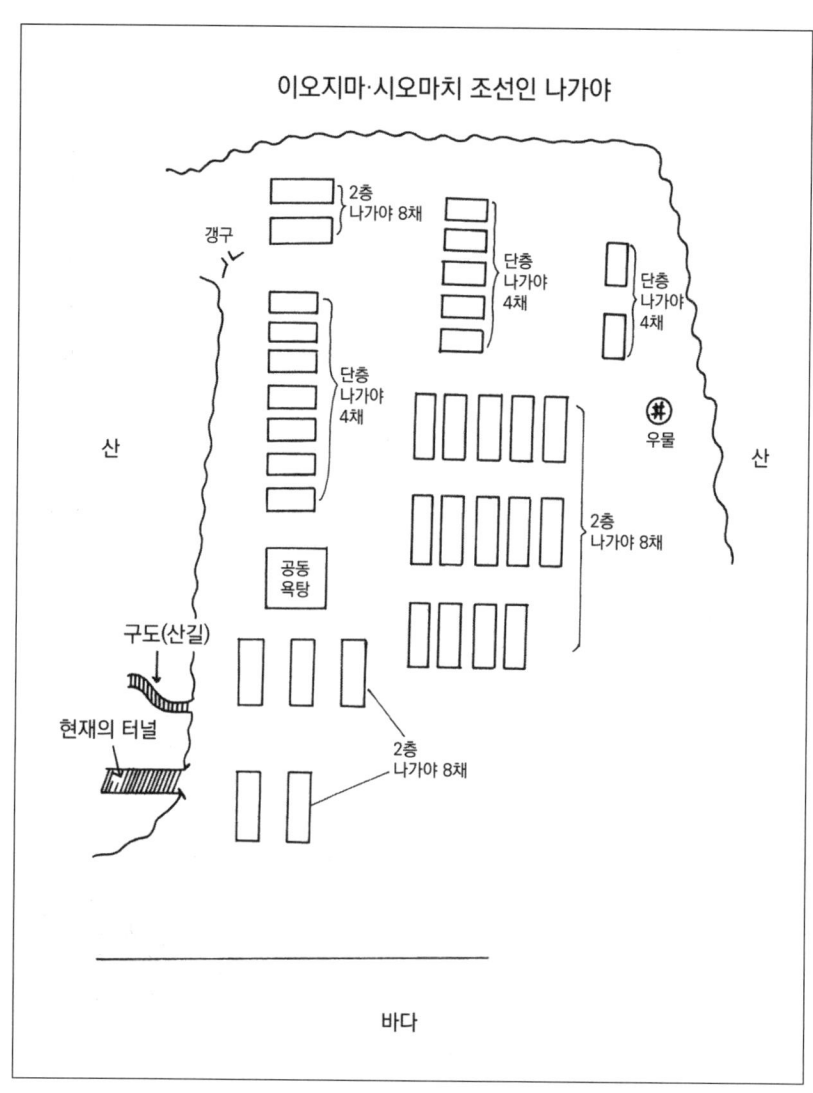

## 이오지마의 조선인 노무자들

- 
- 

[ 이　름 ]　마쓰무라 ○○
[ 나　이 ]　78세
[ 성　별 ]　남자
[ 생　년 ]　1904년생
[ 거 주 지 ]　나가사키현 니시소노기군
[ 증 언 일 ]　1982년 10월 11일

나는 구마모토(熊本) 미스미(三角) 출신입니다만, 전쟁 전 이곳으로 오기 전에는 후쿠오카현(福岡県) 가호에 있는 탄광에 있었습니다. '내지인'을 데리고 합숙하던 중, 1941년 가호광업소인 이오지마광업소가 생긴다고 해서, 돈이 된다는 말에 2월 7일, 15명 정도를 데리고 이곳 이오지마로 왔습니다. 오자마자 2월 11일에 지신(地神)에 고사를 지내고, 개간을 한다고 해야 하나 갱구를 만드는 공사라고 해야 하나, 아무튼 그런 상태였습니다. 이후 나가사키광업 주식회사로 이름을 바꾸었는데, 초대 소장은 마쓰무라 시게루(松村茂) 씨로, 전시 중이었던 만큼 남자가 없어서 곤란했었지요. 섬 여자들을 상대로 사람을 모았습니다. 그 후 징용공도 왔지만 일도 잘 안 하니까 일에 진척이 없었지요. '내지인'은 징용과 근로보국대를 합쳐 600명 정도로, 시다카(志高) 기숙사라는 광부 기숙사에 살았습니다. 이 기숙사는 시마바라(島原)의 방적 여공원 기숙사를 해체해 운반해 온 것입니다.

나는 일본인 관계 노무를 담당하고 있었는데, 1943년부터 조선인을 모집해 오는 일을 맡게 되어, 딱 한 번 직접 조선까지 모집하러 간 적이 있습니다. 일본광업연맹(석탄광업 연합회)을 통해서 후타세(二瀬), 후지(富

士), 닛테쓰(日鉄) 등 다섯 광산으로 구성된 협력반으로, 군용선을 이용해 갔습니다. 부산에 도착한 것은 한밤중이었습니다. 부산에서는 광업연맹 사람들이 돈을 마련하여 우리를 기다리고 있었습니다. 가와하라(川原)씨, 나카노(中野) 씨라는 사람과 함께 함안(咸安)의 면장을 만나러 갔습니다만, 결국 그곳에서는 한 명도 채용할 전망이 보이지 않아 농가를 한 집 한 집 찾아다녔어요. 간신히 이오지마로 40명을 데려올 수 있었지만, 막상 기차를 타려는 순간 타기 싫다고 해서 참 난처했습니다. 개중에는 아내가 있는 사람도 있었지만, 모두 단신 도항이었습니다. 부산에 도착해서 모두 함께 여관에 묵게 했습니다. 아오이시라는 이름의 조선인이 협력이랄까, 우리를 도와주었습니다. 모두에게 이오지마라는 완장을 차게 했습니다. 그런데 막상 배를 탈 때 보니까 40명이었던 것이 겨우 30명 안팎밖에 안 남은 거예요! 도망가 버린 겁니다. 계약 같은 것은 전혀 없고, 그러니 그 문서도 없었습니다. 하카타(博多)에서는 이오지마에서 직원들이 식량과 옷을 가지고 마중 나와 있었는데, 여기서 또 7~8명이 도망친 겁니다. 모집인원을 대폭 밑도는 바람에, 난처한 나머지 규슈(九州) 내의 일본인으로 메우기로 하고, 나는 함바 담당의 소노다(園田) 씨에게 인감과 돈을 맡기고 여기저기 사람을 구하러 다녔습니다. 이오지마에 도착해서도 4, 5명이 도망갔습니다. 뗏목을 타고 도망친 사람이 있는가 하면 마을에서는 배를 도둑맞기도 했습니다. 내가 조선까지 모집하러 간 적은 한 번이지만, 고야기에 있는 아보(安保)의 오카모토(岡本)라는 조선 사람은 조선인 담당이기도 했기 때문에 몇 번이나 갔었습니다.

    이오지마에서 일하던 조선인은 150명 정도입니다. 가끔 반장과 함께 나가사키까지 놀러 보내기도 했습니다. 한번은, 등화관제로 전등을 끄도록 하고 있었는데 좀처럼 끄지를 않는 거예요. 그래서 조선인 함바를 담당하고 있던 나카타(中田) 씨가 끄고 돌아다니거나 주의를 주거나 했는데, 말다툼이 벌어져 습격당했습니다. 결국, 경찰관 미야자키(宮崎) 씨가 달려와 진압했지만…. 나카타 씨는 그 후 1944년에 버마에 가서, 1946년 5월에 복원했을 겁니다. 어쨌든 물자가 없는 시절이기도 해서 탄광에서는 조선인들 불만이 상당했지요. 일본인과 임금 차별은 없었습니다. 나카타 씨는 전후에 사회복지법인 젠린카이(善隣会)에 들어가 다라미(多良見) 쪽에 살고 있다고 들었습니다. 그 당시 사정은 채석 과장이었던 요시노(吉野) 씨가 잘 알리라 생각합니다. 벌써 85세가 넘는 고령이긴 합니다만.

조선인들의 함바는 단층집이 4동이었던 것 같습니다. 중간 복도식이 아니라 6조(畳, *방바닥에 까는 다다미를 의미하는 '조'는 일본에서 방의 크기를 나타내는 단위)와 4조 크기의 방을 붙인 한 방에 5명씩이 거주하고 있었습니다. 임금은 일당 3엔이라고 들은 적도 있고, 2엔이었을지도 모르지만, 어쨌든 조선소와 탄광의 임금은 일반 토공보다 높지 않았을까요? 나는 1941년 당시 월급으로 7엔 50전밖에 받지 못해 정말 힘든 생활을 하고 있었습니다.

원폭 때 나는 급수탑 위에서 "경계경보!"라고 큰 소리로 외치고 있었는데, 나가사키에서 불어닥친 폭풍에 당했습니다. 수비대로부터 경계를 엄중히 하라는 명을 받고, 섬 여자들에게는 죽창을 만들어 두도록 하고, 또 피난 장소는 강 건너 시키미(式見)로 정해두고 있었습니다. 원자폭탄이 떨어진 뒤에도 이오지마에서는 아무도 나가사키로 가지 않았습니다.

원폭의 날로부터 15일까지는 이미 도망친 조선인도 있었고, 어쨌든 어수선한 일주일이었습니다. 일본이 전쟁에서 패하자마자 조선인들은 직접 배를 마련해서, 두세 척이었던 것 같아요, 조선으로 돌아가는 길을 서둘렀습니다. 사실은 회사 측에서 돌려보낼 생각이었던 것 같지만, 기다릴 수 없었던 거겠지요, 연이어 자기들끼리 돌아갔습니다.

다카자네 야스노리(高實康稔)
오카 마사하루(岡正治)
후지이 유코(藤井裕子)


## 이오지마탄광의 노무계였다

- 
- 

[ 이  름 ]   나카타 ○○
[ 나  이 ]   68세
[ 성  별 ]   남자
[ 생  년 ]   1915년생
[ 거 주 지 ]   나가사키현 니시소노기군
[ 증 언 일 ]   1982년 10월 13일


　현재 나는 신흥 종교인 고세카이(晃聖会)의 대교주이며, 이 웅장한 연수원은 건립된 지 2, 3년밖에 지나지 않았지만, 매일 오전 10시부터 저녁까지 지역 사람들에게 강연을 하고 있습니다. 바빠서 상세한 증언에는 응할 수 없지만, 5분 정도면 말씀 나누어도 괜찮아요.
　나는 1941년 이오지마의 나가사키광업에 노무계로 입사했지만, 1944년 8월부터 군대에 가서 1946년 5월 27일에 버마에서 복귀했습니다. 그때는 이미 이오지마에 조선인 노무자는 아무도 없었습니다.
　내가 군대에 갈 때까지는 노무 관리라고 할까, 말하자면 감독 업무였기 때문에 조선인들을 직접 대하지는 않았습니다. 조선인 노무자들에 대해서는 저보다 마쓰무라(松村) 씨가 더 잘 알리라고 생각합니다. 그는 직접 관여하고 있었으니까요. 조선인들 함바에는 업무상 자주 발을 들여놓곤 했지만, 자세한 것은 잘 기억나지 않습니다. 얼마 전에도 "4층짜리 건물(함바)이 있었지, 아마?"라고 했더니, 아내가 "그건 전후에 지어진 거죠"라고 정정해 줬을 정도입니다. 단층집 함바가 있기는 있었습니다만…. 나는 복원하고 난 이후의 이오지마에 대한 추억이 더 깊습니다.

후이지 유코

### 귀국선에서 조난한 조선인들

- 
- 

[ 이　름 ]　히다 ○○
[ 나　이 ]　70세
[ 성　별 ]　남자
[ 생　년 ]　1911년생
[ 거 주 지 ]　나가사키현 니시소노기군
[ 증 언 일 ]　1982년 10월 11일

나는 전시 중에는 고야기무라의 가와나미(川南)조선소에서 선장으로 일하고 있었다. 타던 배는 닛쇼마루(日勝丸, 800톤)로, 가와나미 등에서 만든 기계류 등을 적재하여, 조선 서해안을 따라 다이렌(大連)항까지 운반한 적이 있다.

당시에는 나가사키에서 외해(外海)로 나가면, 동중국해에서는 미국 잠수함이 다수 출몰하고 있었으므로, 항해는 위험하기 짝이 없었다.

그래서 선원들에게 불안감을 주지 않기 위해 가는 곳은 선장인 나 혼자 해군 연락부에 물어보러 가고, 부하 선원들에게는 절대로 가는 곳을 알리지 않고 출항했다.

다행히 내가 탄 배는 단 한 번도 미국 잠수함의 습격을 받지 않았지만, 항해는 언제나 긴장 그 자체였다.

일본 패전 후, 나가사키 주변에서 강제노역했던 조선인들은 어떻게 배를 마련했는지는 모르겠지만, 나가사키 부근에서 배를 빌려 한 배에 30명~40명, 혹은 그 이상일지도 모르지만, 여럿이 같이 타서 차례로 조선을 향하여 귀국길에 올랐다.

나한테도 선장으로서 함께 타달라고 부탁을 해왔지만 거절한 적이 있다.

그러나 그들이 황급히 귀국해 갔을 때는, 공교롭게도 9월쯤의 태풍 시즌이기도 해서, 도중에 조난하여 익사하는 자가 많았다. 현재의 고야기지마의 미쓰비시에 있는 백만 톤이나 되는 도크의 거대 크레인 근처에 엄청난 수의 조선인 익사체가 떠올랐다. 상당히 많은 조선인이 조난했을 것이다. 가게노오(鹿毛の尾), 마테가우라(馬手ガ浦, 고야기무라) 부근에 다수의 사체가 떠올랐다.

니는 1948년에 이오지마무라로 돌아왔다.

전후에는 유조선 고요마루(甲洋丸) 선장으로 40년간 일하고, 이번에 배에서 내렸다.

오카 마사하루
다카자네 야스노리
후지이 유코

## 이오지마탄광 관계자로서 (1)

- 
- 

[ 이　름 ]　사토 ○○
[ 나　이 ]　57세
[ 성　별 ]　남자
[ 생　년 ]　1925년생
[ 거 주 지 ]　나가사키현 사세보시
[ 증 언 일 ]　1982년 10월 11일

　조회를 받고 본사와 연락을 취한 결과, "잘 보고해 주십시오"라고 하였으므로, 문헌, 공문, 사문서 등 하루 반에 걸쳐 조사해 보았는데, 1970년에 신문사가 조회했을 때 나온 문서와 오늘 지참한 사망자 명부가 나왔습니다. 당시의 임금 상황이나 미곡 통장 건 등 자세한 사정을 알 수 있는 서류는 나오지 않았습니다. 이 명단은 복사하셔도 괜찮지만, 갱내 사고로 인한 사망자 12명, 병사 2명으로 되어 있습니다.
　저 자신은 종전 때는 도쿄 미쓰비시 본사에서 근무하고 있었습니다만, 아버지가 닛테쓰여서, 당시의 저로서는 본의 아니게 닛테쓰로 옮겼습니다. 제가 보기에는 닛테쓰는 공해와 보안 면에서 다른 대기업 이상으로 대처하고 있었다고 생각합니다. 공해에 대해서도 신경을 쓰고 있었고 폐광 처리도 타사보다 원활하게 행해진 바입니다.
　다카시마, 하시마는 미쓰비시였습니다. 섬과 섬끼리의 광부 이동과 출입 같은 것은 없었습니다. 조선으로 사람을 데리러 갔다는 것은 모집을 말하는데, 이것은 일본인도 하고 있었습니다. 담당 직원이 사원으로서 나갔을 겁니다. 반장 중에 김 씨라는 분이 계셨다고 하는데, 이분은 직접 모집해서 온 사람이 아니라고 생각하며 여러 가지로 조선 사람들에게 신세를 졌을 건데, 지금도 닛테쓰는 정치인과는 얽히지 않는 회사라서 그다지 무리한 일은 하지 않았을 겁니다. 트러블에 관해서도 객관적으로 보아 잘 해결되지 않았을까 생각합니다. 그것은 기타마쓰우라(北松浦)에서도 문신한 자는 배제하고 있었듯이, 사원들 간의 트러블이 우려될 만한 자는 조선인이라도 '강제 송환'했을 거라고 봅니다. 회사측 방침으로서 말이죠. 어디까지나 개인과의 채용 관계였지만, 계약 기간 등 어떤 계약이 있었는지 어땠는지는 모릅니다. 일본인과 평등했으니까요. 임금도. 기숙사에는 사감이 있고 일본인이었지만, 조선인 감시라 할 만한 것은 없었습니다. 작은 트러블도 전혀 없었다고는 할 수 없겠지만, 복지를 위한 상담소도 두고 있었고, 큰일이 있었다는 얘기는 듣지 못했습니다. 또 알아보기는 하겠지만.

노동조건은, 앞에서도 말씀드렸듯이, 일본인과 평등하고 지급액에 차이가 생기는 것은 능률에 의한 것으로 일본인도 마찬가지였습니다. 자세히 알아보겠지만, 적어도 고정급이 7할은 되었을 거라고 생각합니다. 능률급 부분은 채탄량 몇 관(貫)이라는 식으로 관으로 측량해서, 회사의 합동 회의에서 그 관에 따른 지급률을 결정하고 있었습니다. 무엇보다 능률은 그룹별로 산정했습니다. 모집과 징용을 구분하지도 않았고, 앞서도 말했듯이 강제연행은 안 하지 않았을까 생각합니다.

때때로 나가사키까지 놀러 갔던 사람이 있을지도 모르지만, 식량난 시대였고 해서 과연 어땠을까 싶네요. 전시 중 섬에는 놀만한 곳이 없었습니다. 일본인이나 조선인이나 회사에서 나가사키로 나가는 것을 금지하거나 하진 않았습니다. 이것은 원폭 후 나가사키시로의 입시희망자에 대해서도 마찬가지로, 실제 인원수는 알 수 없지만, 가지 못하게 하거나 하진 않았습니다. 개인적으로 걱정되어 들어간 사람은 있겠죠.

다카자네 야스노리
오카 마사하루
후지이 유코

## 이오지마탄광 관계자로서 (2)

- 
- 

[ 이 름 ]　도쿠야마 ○○ / 무라카미 ○○
[ 나 이 ]　57세 / 54세
[ 성 별 ]　남자
[ 생 년 ]　1925년생 / 1928년생
[ 거 주 지 ]　나가사키현 니시소노기군
[ 증 언 일 ]　1982년 10월 11일

나가사키광업은 처음 탄광 하나에 회사 하나로, 1941년에 사업을 시작하여 1943년에 석탄 생산에 돌입하였습니다. 그 후 전후를 포함하여 비약적으로 증량하여 1953년 가호 나가사키광업이 되고, 이듬해인 1954년에 닛테쓰와 합병하여 '닛테쓰 후타세(日鉄二瀨)'라고 불렀습니다. 우리들은 전쟁 전부터 사원이었는데, 1972년 3월 폐광되어 그 후에 해체 처리를 맡고 있는 신와상사에 소속되어 있습니다. 조선(朝鮮)신용조합의 정 씨와는 잘 지내고 있습니다.

신청한 조선인 광부 건입니다만, 1970년에도 아사히신문사에서 조사했는데, 그때도 창고를 찾아보았지만 직원 명부 등 상세한 자료는 발견되지 않았습니다. 이번에도 다시 찾아봤는데 찾지 못했습니다. 1948년에 하시모토(橋本)상점에 화재가 있었는데, 그때 소실된 것이 아닐까 생각합니다.

하지만 후생연금을 들었기 때문에 그걸 토대로 추계가 가능하며, 오후에 지점장이 자료를 지참하겠습니다만, 조선인은 470명 정도가 아닐까 생각합니다. 이번에 귀사에서 출판한 『원폭과 조선인』을 보여 주셔서, 저도 조선인이라고 말씀드렸지만, 1943년부터 45년 4월까지의 연금 관계로 보아 대략 470명이 있지 않았을까, 조선 분이 말입니다.

탄광은 갱구에서 다카시마를 향해 해저로 터널을 뚫은 전형적인 해저 탄광이었습니다. 이때 나오는 잡돌을 모아둔 버력더미는 없었습니다. 그건 현(縣) 지사의 허가를 받아 매립에 이용했기 때문입니다. 지금의 후나쓰(船津)에서 해안을 따라 있는 토지는 바로 이 버력으로 메워진 매립지입니다. 탄은 직접 군(軍)으로 보내지지 않고 가스회사 등의 원료탄으로 쓰였습니다.

함바는 오키노시마(沖之島)의 시오마치에 한 곳뿐으로 조선인은 120~150명이었다고 들었습니다. 그곳은 넓은 공터로, '내지인' 함바도 있었습니다. 이오지마 쪽에서 함바가 잘 보였습니다. 근처에 깨끗한 우물이 있었는데, 물이 부족해 도이노쿠비(土井首)에서 물을 실은 배를 들여오기도 했습니다. 징용공도 있었는데 유부남은 나야(納屋, 사택)에서 살았습니다. 이른바 구미(組)가 운영하는 함바가 아니라, 전원이 직속(直接) 직원이고 이들을 위한 함바였기 때문에 함바의 장(長)은 두었어도 함바 우두머리는 없었습니다. 이들 함바는 전후 얼마 안 가서 해체되고 기숙사가 지어진 것은 나중입니다.

작업은 3교대로 구속 8시간, 휴식 1시간이었습니다. 첫째 파트가 오전

7시부터 오후 3시, 둘째 파트가 3시부터 11시, 마지막이 11시부터 오전 7시였습니다. 임금은 일급제로 한 달에 25회가 최대 상한 금액이었는데 능률 60%, 기저급 40%의 비율이었습니다. 조선인에 대한 차별 지급은 없었다고 생각합니다. 원래 탄광은 싸니까요. 단가는 나가사키의 조선인보다는 싸지 않았을까요? 초봉이 일반 40엔, 대졸 60엔이던 때였는데, 여기에서는 30엔 전후였던 것 같습니다. 조선인은 갱내뿐만 아니라 갱외에도 있었는데, 모든 직종에 걸쳐있었습니다. 차별 사건이나 소동 같은 것은 기억에 없지만, 갱내 사고로 몇 명인가 순직하셨습니다. 가족에게 유골을 보냈다고 합니다. 저(도쿠야마 씨)는 섬 출신으로 당시 17~8살이었는데, 나중에 귀화한 사람으로 그 시절 34~5세의 요시무라(吉村) 씨라는 분을 기억하고 있습니다. 힘이 세어 두 사람 분은 족히 실어 날랐습니다.

당시의 일을 알고 있는 분은 노무 담당이었던 마쓰무라 씨라는 분으로, 지금도 섬에 거주하고 계십니다. 오후에 소개해 드리죠. 마쓰무라 씨 이야기로는 조선으로 사람을 구하러 가서 40명을 데려왔다고 했습니다. 또한 식량난 때였기 때문에 구마모토까지 사러 갔다고 합니다. 달리 특필할 사람은 모릅니다. 일본인 종업원의 조카와 결혼한 김 씨라는 사람이 있었는데, 원래 섬사람도 아닌데 일본에 남아있는지 어떤지….

원폭 때는 사무소 유리창이 깨지기도 하고 집 덧문이 부러지기도 했습니다. 섬광 같은 빛과 원자구름이 잘 보였습니다. 폭심지에서 10~12킬로미터 거리였습니다. 그날도 그 이후에도, 회사에서는 물론 섬에서도 공적으로는 구원 파견 같은 건 안 했습니다. 나(무라카미 씨)는 소방대원이었는데, 그래서 구조하러 간 것이 아니라 신학교에 간 남동생이 걱정돼서 다음날 개인적으로 갔던 겁니다. 조선인 중에도 개인적으로 나가사키에 간 사람이 있을지는 모르겠지만, 그 혼란스러운 때라 잘 모르겠습니다.

전후에 잔류했던 조선인은, 듣기로는 8월 중에 배를 전세 내어 조선으로 보냈다고 했습니다. 섬에는 중대 규모의 육군 병사가 약 100명이나 주둔하고 있었습니다.

오카 마사하루
다카자네 야스노리
후지이 유코

## 2) 고야기지마

### (1) 고야기지마의 역사와 조선인

고야기라는 이름의 유래에 관해 두 가지 설이 전승되고 있다. 고호(弘法)대사가 불도를 닦기 위해 당나라로 건너갔다가 귀국길에 이 섬에 들러, 호마밀법을 닦고 항로의 안전을 기원하고 무사히 도착한 것에 감사드렸다[섬 중앙부의 고야기산에 804년 고호대사가 세운 엔뿌쿠지(円福寺)가 있다]. 이때의 향기가 바위굴 안에 스며들었기 때문에 이 바위산을 교겐(香巖), 가야마(香山) 또는 고야기산이라 부르게 되었고, 여기서 고야기지마라는 이름이 생겼다는 설이 하나. 다른 일설은 옛날 이 섬을 '기무야키(神八木) 섬'이라고 부르던 것이 사투리로 '고야기'가 되었다는 것이다. '가무야키 섬' 전승이 고야기지마 이전의 것으로 알려져 있으며, 후에 고호 대사의 고야기 전설과 융화되어 현재의 '고야기'라는 명칭이 생겼다는 것이 역사적 사실이라고 한다.

고야기지마는 최근까지 나가사키 항구에서 서쪽 해상으로 흩어져 있는

섬 중 하나였다. 나가사키현 니시소노기군 고야기무라로 불렸던 시대의 이 섬은 고야기지마(280헥타르)와 가게노오지마(蔭ノ尾島, 29헥타르)로 이루어진 외딴섬으로, 메이지 이후에는 조선(造船)과 석탄의 섬으로 번창하였다.

그러나 이 고야기지마를 일약 유명하게 만든 것은 1936년 2월 이 섬을 찾은 가와나미 도요사쿠(川南豊作)였다. 일찍이 러일전쟁 및 제1차 세계대전과 함께 번영한 조선소와 탄광이 세계대전 후의 공황 속에서 도산한 후 이 섬에 잠들어 있었는데, 가와나미는 그 휴면 중이던 구 마쓰오철공소의 도크를 17만 엔에 매수해, 자본금 250만 엔과 종업원 400명의 가와나미공업 주식회사를 창립하고 사장이 된다.

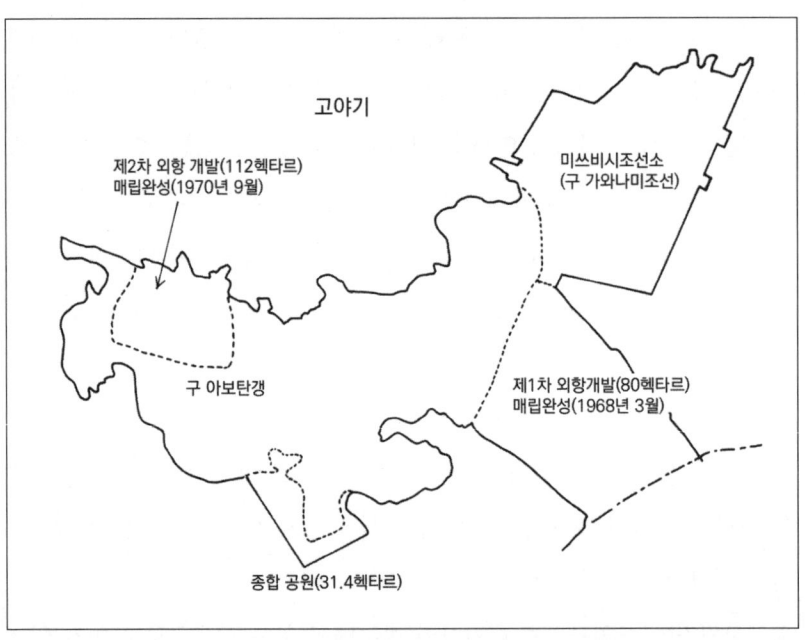

이듬해 1937년 폐광됐던 섬 내의 수준 높은 탄질을 자랑하던 아보탄광을 인수해 채탄을 재개한다. 그해 7월 7일에 중일전쟁이라 칭한 본격적인 중국침략 전쟁이 시작되며, 1938년에 발령된 국가총동원법에 따라 가와나미는 군부와 밀착하여 설비·자재·노동력을 뜻하는 대로 동원한다. 1941년은 태평양전쟁에 돌입한 해인데, 군인이며 수상인 도조 히데키(東條英機)를 고야기로 초대하여 그에게 격찬을 들었다. 가와나미는 참으로 기묘한 일이지만, 민간인 신분인 채로 해군 중장에 상당하는 관리로 임명되었다. 가와나미공업의 부지는 국가총동원법을 배경으로 비약적으로 확장을 거듭해, 거저나 다름없는 싼 가격에 섬사람들의 토지 수탈을 강행했다. 토지 수탈 다음은 해수면 매립으로, 고야기모토지마(香焼本島)와 가게노오지마 사이의 급한 물살이 달리던 해협도 매립되었다.

"가와나미공업 부지의 80%는 원래 바다이다.
끊임없이 매립지가 확대된 결과, 회사 소유지는 대략 100만 평방미터에 달했다. 섬의 지형은 일변했다. 가와나미가 입수한 해면 매립권은 그 후 20년 동안에 걸쳐 고야기초나 미쓰비시와의 소송의 원인이 되었다. 가와나미가 기대한 매립권은 30개소 20만 평(60만 평방미터)에 달한다. 넓어진 땅 위에 그 이상으로 많은 사람이 북적거렸다. 노역 포로들을 포함해 인구 2만 8,000명. 그것이 한 평 선의, 특히 그 동쪽에 집중해서 거주하였다."[나카자토 기쇼(中里喜昭), 『고야기지마』 20쪽]

가와나미공업의 조선(造船)의 양과 속도는 가속화하여 태평양전쟁의 진전과 함께 큰 이윤을 거두는데, 환상과 같은 번영을 가져온 것은 가와나미 도요사쿠의 발안에 의한 전시 표준선 건조였다. 그러나 이는 만드는

족족 하늘과 바다를 석권하고 있던 미군에 의해 연달아 격침되었다.

패전 후 가와나미 도요사쿠는 미국 진주군이 두려워 구마모토현(熊本県) 고카쇼(五箇荘)로 도망치지만, 전쟁 범죄자로서 공직에서 추방된다. 그러나 다시 섬으로 돌아와 가와나미공업을 재건하고 제343해군 항공대 사령 겐다 미노루(源田実) 대좌(현 참의원 의원)를 아보광업소 소장에 취임시키고 사업을 만회하려 하였으나, 우여곡절 끝에 그 유명했던 조선(造船) 왕국을 일군 가와나미조선소는 1955년에 도산하게 되었다.

가와나미공업 주식회사 고야기탄광(니시소노기군 고야기무라 아보)은 고야기지마의 남단에 위치하여, 과거 나가사키 오하토 선창에서 매일 마테가우라까지 다녔던 '가와코마루(川工丸)'가 나가사키와 고야기지마 사이의 유일한 교통기관이었는데, 마테가우라에서 상륙한 후 고개를 넘어 약 반시간 가량 가면 아보탄광에 겨우 도착하였다(고개 아래에 터널이 뚫린 것은 제2차 세계대전 후이다.).

아보탄광은 메이지 초기부터 지역 주민에 의해 조금씩 채굴되어 소규모 수요에 이바지하고 있었다. 일본탄광법이 발포된 이후, 니시소노기군 후카보리무라(현재 나가사키시 후카보리초) 미네 나오토모(峰直与) 씨가 광업권자가 되어 사업 경영에 임했다.

그 후 1883년에 이르러 도쿄의 시마다 게이스케(島田慶助) 씨가 양도받아 기관설치 동력 이용 등의 설비를 했기 때문에, 지금까지의 면모를 일신한다.

아보탄광 바닷가 조선인 함바 터

1894년이 되어 도쿄시의 고이데 다쓰조(小出辰造) 및 나가사키시의 마쓰오 후쿠사부로(松尾福三郞) 두 사람이 공동 경영하는 것을 목적으로, 시마다 씨로부터 권리를 계승해 설비를 다시 하고 아울러 코크스 제조도 겸하여 운영하게 되었다.

1899년 7월이 되자, 오사카세이미공업(大阪舍密工業) 주식회사는 영업품인 코크스의 원료탄으로서 아보탄광의 석탄이 우수하다는 사실에 착안해, 광업권을 양도받아 채굴경영을 계승했다.

당시 광구 면적은 9만여 평으로 채굴된 곳은 육지의 고지대 방면이었지만, 이미 그 부분은 과거 20여 년간 채굴한 뒤라 궁지에 빠져 마침내 1904년 12월에 사업을 일시 중지하게 되었다.

1904년 2월에 러일전쟁이 발발하자 석탄 수요량은 증가하고, 탄가는 급등하였으므로 가와시마 조고로(川島長五郞), 다나카 사부로(田中三郞),

혼다 에쓰지로(田中悅二郞) 등 세 사람은 채굴 터에 남겨져 있던 광석을 채굴하기 위하여 도급 채굴을 하였다. 이렇게 활기를 되찾은 아보탄광의 석탄 채굴은 육지 쪽은 이미 개척의 여지가 없으므로, 1907년에는 해안에서 금강석 시추에 착수했다.

제1시추에서 상5척, 상3척7척, 하3척의 탄층을 인지하였고, 제2시추에서는 단층에서 상5척, 하3척 위치에서 상5척, 하3척의 탄층만 인지하였다. 또 제3시추에서는 제1시추와 동일한 탄층이 존재함을 확인할 수 있었다.

그래서 1907년 12월부터 갱도를 파기 시작하여(그때의 갱구는 폐광이 될 때까지 동일), 전체 길이 140칸(한 칸은 1.82미터)으로 1909년 2월 11일에 7척층에 도달하였다. 이후 갱내에서 시추하여 하3척층 이하에 바닥 3척층, 2척층, 8척층, 2척7촌층 각 층에 탄이 있는 탄층을 확인할 수 있었다.

그 이후 7척층, 하3척층, 하3척층의 한 달에 2,500톤 채굴을 계속한다.

1917년경부터 주위 사방의 탄층이 끊겨 채굴 구역이 제한되었기 때문에, 1918년 4월부터 요코시마(橫島) 탄층의 채굴을 목적으로 요코시마 갱도의 굴진을 개시, 수많은 어려움을 겪은 끝에 1921년 1월 7일 하3척층 탄층에 도달, 모든 기계 설비를 갖추어 1922년 4월부터 탄의 생산은 점차 증대되었다.

그런데 제1차 세계대전의 종결에 따른 불황의 영향으로 탄값이 폭락한 탓에 1924년 5월에는 사업 중단이 불가피하게 되었다.

이후 회사는 고야기코크스 주식회사로 개칭해, 석탄을 매입하여 코크스를 제조 및 판매하였다.

1938년 2월, 이 아보탄광의 광업권을 양도받은 가와나미 도요사쿠는 요코지마층 채굴 목적으로 옛날 이용했던 갱도를 복구하여 옛 탄갱 바닥에서 120칸을 더 파들어간 후, 본 갱도에서 180도 30분 각도로 좌회전하여 해저를 향해 요코지마 갱도를 팠다. 마침내 1942년 9월, 옛 하3척층 채굴 구역에서 2척7촌층 탄층에 도달했기 때문에, 우선 광차가 다니는 갱도에서 우(右)1편에 수평갱도를 파서 2척7촌층과 8척층 채탄에 착수, 월 산출량으로 1,300톤을 캐어낸다. 그러면서도 7척층 탄층에 도달할 계획으로 수직갱도를 파기 시작했다. 그러나 이듬해인 1943년 2월 27일, 옛 하3척층을 채굴한 후부터 물이 분출하는 사고가 발생해, 일시적으로 채탄이 불가능하게 된다. 그때 배수 작업을 속행하는데, 이번에는 같은 해 3월 15일에 가스폭발 사고가 난다. 이는 같은 해 8월 복구에 성공했다.

태평양전쟁 중에는 여기저기 들쑤시듯 채굴하는 데 그치고, 1945년 일본 패전 후 나가사키시 나카가와마치의 가와하라 가네사쿠(川原金作) 씨가 가와나미공업 주식회사로부터 위임을 받아 본격적으로 채굴을 했다. 그러나 고야기탄광(아보탄광)도 1964년에 폐광한다. 한때 인구는 약 4,600명으로 반감되고 섬은 불이 꺼진 것처럼 쓸쓸해졌다.

그러나 1960년대 들어 나가사키현의 제1차 외항 계획(80헥타르)의 해수면 매립으로 1968년 2월 나가사키시 후카보리초와 이어져, 더 이상 외딴섬이 아니게 되었다. 이윽고 1967년, 도산한 가와나미조선소의 옛터를 미쓰비시중공업이 매수해 진출을 결정한다. 미쓰비시중공업은 세계 최대인 120만 톤 도크를 가진 초대형 조선공장을 건설할 계획으로, 1970년 9월 착공해 1972년 10월 완공하는데, 총공사비로 약 400억 엔이 소요되었다고 한다. 새로 조성된 117만 650평방미터의 광대한 부지에 길이 990미터, 폭 100미터의 120만 톤 도크와 새로운 공단이 들어서면서 섬의 양상은 일변했다. 1972년에 조업이 개시되었다.

고야기지마에 있었던 조선인 노무자에 대해서는 다음과 같이 기술되어 있다.

> "1942년에 고야기지마에 포로수용소가 설치되어 인도네시아, 호주, 영국의 군인들이 많이 수용되었다. 포로들은 (가와나미공업에) 극한 상태에 빠질 때까지 혹사당했다. 피로와 질병, 영양실조로 사망이 잇따르고, 줄어든 인원은 곧바로 새로 충원되었다. 노무가 징용 조선인, 포로 병사들을 테이블 앞에 세워두고 페니스를 내놓으라고 명령하고, 그 뿌리를 일본도로 두드리며 반항하면 자르겠다고 위협한 사례도 있다. 포로는 인간 이하의 취급을 당했고, 징용의 형태를 취하면서 조선인도 완전히 포로로 취급되었다."(나카자토 기쇼, 『고야기지마』 15쪽)

포로들의 최저 노동조건에 비춰보면, 현재 인원인 징용 일본인들과 조선인의 대부분을 차지하는 임시 징용자들이 혹사당했음을 알 수 있다. "동양 제일의 규모를 가진 10만 톤 도크에서는 바닷물의 압력으로 포로를 포함한 10여 명이 한꺼번에 사망했다."(앞의 책, 16쪽)

【참고 자료】

「나가사키 시정 65년사 전편 제1부 산업경제 제2장 공업(18쪽)」 인용

나가사키 미쓰비시조선소가 그랬듯이 태평양전쟁 중 가와나미조선소는 무리한 생산을 강행했다. 당시의 임전체제를 보면, 먼저 조선(造船)결사대를 조직하고(조직한 일시는 불명), 22년 2월에는 성심특공대(誠心特攻隊)를 결성하여 말 그대로 돌격공사 작업을 강행하였다. 또 방공과가 신설돼

공장 방위에 나섰고, 해군 경계대가 설치되어 공장의 기능은 군의 지배하에 장악돼 있었다.

그러나 미쓰비시조선소와 비교했을 때, 가와나미조선소의 열악성은 그 노동력의 구성에 있어서 임시 노동자가 압도적으로 많았다.

종전 당시 대강의 공원 수를 종류별로 보면 다음과 같다.

    죄수(조선부대)   1,500~4,000명
    상용공      500~1,000명
    응징공(징용공원)   50~200명
    조선인 징용공원   300명

이외에 학도보국대, 근로봉사대(단기적인 자: 어민·농민·부인회·불교단 등으로 구성) 다수가 있었다. 또한 네덜란드·미국·영국군 포로가 노역에 보내지는 경우도 적지 않았다.

고야기지마조선소의 경우가 종업원 16,004명(남자 14,239명, 여자 1,765명) 외에 포로 1,227명, 학도 1,010명이 있었다.

(2) 조선인에 관한 증언

**전기 충격 린치를 당하고 있었다**

- 
- 

[ 이 름 ]  우노세 ○○
[ 나 이 ]  69세

[ 성 별 ]    여자
[ 생 년 ]    1913년생
[ 거 주 지 ]  나가사키현 니시소노기군
[ 증 언 일 ]  1982년 10월 15일, 1983년 1월 9일

　나는 전쟁 중에 보건원으로 가와나미에 근무하고 있었고, 여자정신대 나기사 기숙사에 있었습니다. (마테가우라 부락에 아직 하나가 남아있다) 전쟁이 끝나기 1년 전이었던 것 같은데, 의무실을 만들지 않으면 학교에서 보내지 않는다(파견하지 않겠다)는 조건이었기 때문에, 의무실을 만들고 학도보국대 세이켄(清健) 기숙사에 나를 배치했던 거죠. 1944년 여름인가 합니다. 그전에는 건강보건조합에 공장 보건원으로 들어갔는데, 아기 돌보는 일만 하라고 해서 말다툼을 했거든요. 그때 고향에 갔다가 다시 돌아오니까 그 의무실로 가게 되어있더라고요. 세이켄 기숙사는 남자 기숙사인데, 처음에는 조선인이 있는 줄 몰랐어요. 기숙사는 분명히 3개가 있었던 것 같아요. 내가 있었던 곳은 학도보국대로 제일 구석진 곳이었고, 나머지 2동과 다른 1동이 조선인 것이었습니다. 당시 나는 조선인 담당이 아니었어요. 그러나 8월 9일 원폭이 떨어져 피폭된 조선인을 돕기에는 일손이 부족했기 때문에 지원을 부탁받아 갔습니다. 하지만 그 조선인들이 얼마나 많은 인원이 있었고, 그 피폭당한 사람들도 좋아졌는지 죽게 되었는지 기숙사에 끝까지 있지 않았기 때문에 모릅니다.
　세이켄 기숙사에서는 모두의 건강을 관리하는 것이 일이었습니다. 의사가 부족했기 때문에 증상을 듣고 약을 주고, 열이 내리지 않을 때 의사 선생님이 봐주는 식이었습니다. 환자가 생기면 식사하는 걸 돕기도 했습니다. 기숙사 식사가 마음에 들지 않는다고 하면, 히터가 있었기 때문에

재료를 받아와서 그걸로 요리해 주었습니다. 이도 솥에 삶아서 퇴치해 주었습니다. 내 남동생도 도쿄에서 생활하고 있었기 때문에, 기숙사생에게 친근감을 느꼈는데 그 사람들도 모두 잘 따라 주었습니다. 학도보국대 사람은 오이타(大分) 경제전문학교와 사가(佐賀)의 릿쿄(立教)가 대부분으로, 교관이 함께였습니다. 규슈대학도 조금 있고, 거의 600명 정도였습니다. 기숙사 어머니가 두 분 계셨고, 사감은 이미 연세가 많으셨습니다. 기숙사는 2층 건물로 3개 동이 나란히 서 있었습니다. 2층에 의무실이 있고, 바로 그 아래가 사감실입니다. 복도가 가운데에 있고 양쪽으로 방이 있었는데, 방은 4개 정도이고 방 하나가 다시 칸막이로 구분되어 있었습니다.

자주 조선 사람과 학생이 밥과 담배를 교환했어요. 내가 어쩌다 목격하면 시끄럽게 잔소리를 해대곤 했었죠. 조선인은 밥이 부족해서 힘들잖아요. 보국대는 먹고 남을 만큼 음식이 오니까 먹는 게 충분했거든요. 조선인은 밥이 필요하니 담배를 가지고 교환하러 왔던 겁니다. 나는 식당에 전화해서 밥 남은 것을 "빨리 가지러 와라. 조선인이 그렇게 원한다면 줘라. 담배 같은 거 받지 말고!"라고 말했습니다. 그렇게 하지 않으면, 학생들이 나쁜 짓을 하다 교관에게 들키면 혼나니까요. 그래도 곧잘 교환하곤 했어요.

기숙사의 구조는, 조선인 기숙사나 보국대나 같았습니다. 한 방에 학생이 5~6명이었으니까 조선인은 적어도 8명은 들어 있었겠죠. 10조나 12조 크기의 방이었는데, 벽장도 있었어요. 방은 4개 정도였을 거예요, 화장실도 있고. 밥은 다른 곳에서 지어 가지고 왔으니까, 기숙사 어머니가 알고 있을 겁니다. 고야기에 2, 3명 식사를 짓던 사람이 있어서 전화를 해봤어요. 그랬더니 "그저 우리는 반찬 10인분, 밥 20인분 하는 식으로 그때 그때 만들어 줬을 뿐이라, 조선인이 몇 명이고 학도가 몇 명인지는 모른다"라고 하더라고요. 단지 배당받은 만큼 만들어서 배달했을 뿐이라는 거죠. 조선인도 음식을 만드는 곳에 몇 사람인가 와 있었다고 하더군요. 조선인 취향의 음식을 만들기 위해서요. 식사 내용도 조선인 것은 맵게 만들었고, 학도들 쪽은 비교적 괜찮았어요. 밥도 우리 것은 흰 쌀이고, 조선인 것은 다른 것이 섞여 있었는데…, 차별인가요? 군수공장이어서 그런지 비교적 우리 학도 기숙사는 불편하지 않았지만, 조선인들은 일이 조금 중노동이었던 거 아닐까요. 그러니 배가 고팠겠죠. 학생들은 조선인을 '아사'[조선(朝鮮)의 한자 '朝'의 일본어음]라고 불렀습니다. 나는 학생과 '아사'의 담배 교환을 통해 그 존재를 알았는데, 직접 얘기를 나눈 적은 없었어요. 조선 사람이 몇 명이나 있었는지 확실한 숫자는 모릅니다. 그 무렵 고야기의 인구는 1만 2천 명이라고 쓰여 있었어요. 기숙사 앞은 폐석으로 매립해서 만든 벌판이 있어서 바다까지 거리가 조금 되었습니다. 학도들은 아침이면 일제히 사감이 데리고 나갔습니다. 무슨 일을 했는지는 이야기한 적이 없어서 모릅니다.

나는 학도 기숙사에서만 치료했을 뿐 조선인 동에는 가지 않았습니다. 딱 한 번 그쪽 간호부가 전기 충격을 보러 오라고 해서 갔는데, 깜짝 놀랐습니다.

12조 정도 되는 방에서, 저녁이었습니다. 다음날 일하러 가지 않을 사람은 신고서를 제출하게 했는데, 꾀병을 부린다고 생각했던 모양이에요. 조선인 의무실에서 한 사람에게 전기 충격을 주고, 다음 사람에게까지 했습니다. 양쪽 관자놀이에 물을 조금 묻혀서 거기에 전등선에서 끌어온 전선을 갖다 대는 거예요. 나중 사람은 "아이고, 아이고!"라면서 울고, 다들 겁이 나니까 하얀 신고서를 들고 돌아갔습니다. 이렇게 하면 진짜 아픈

건지 아닌지 알 수 있다는 거였어요. 콰당 넘어지더니 경련을 일으키며 빙글빙글 도는 거예요! 두 번째 사람은 정말 아팠던 거죠. 나는 기분이 나빠져서 서둘러 돌아갔습니다.

그 방에 있었던 사람은 나와 사감과 간호부 정도가 아닐까요? 무섭고 잔혹해서 더 이상 보고 있을 수가 없었어요. 간호부한테 맨날 이런 짓을 하느냐고 물었더니, 본때를 보이기 위해 하는 거라고 했습니다. 당한 사람은 나중에 어떻게 되냐고 물었더니, 몇 시간 쿨쿨 자고 나면 원래대로 된다고 하더군요. 나는 한 번 보러 간 뒤로는 두 번 다시 갈 엄두가 안 났지만, 그 후에도 여러 차례 했을 겁니다. 학생들은 전기 충격에 대해서 전혀 몰랐을 거예요. 나처럼 오래 있었어도 말해줄 때까지 몰랐으니까요. 이 얘기도 다른 사람에게 말하는 건 처음이에요. 어쨌든 불쌍했습니다. 일하던 사람들은 20~30세 전후였을 거예요. 강제연행인지 그냥 모집인지는 모르겠습니다.

원폭이 떨어지던 날은, 환자가 있었던 데다 11시경이라 식사 준비를 하기 위해 히터 선을 수리하고 있었습니다. 번쩍하고 빛이 났기 때문에 책상 아래로 머리를 처박고 있으니, 소리가 났습니다. 산을 넘어 마테가우라까지 가서, 식사 준비를 위해 와있던 학생과 어디에 폭탄이 떨어졌는지 서로 이야기했습니다. 조합사무소에 갔더니 창문 유리는 깨져 있고, 오후 2시에 임시 배가 나간다고 해서 —2시라는 것을 매우 명확하게 기억하고 있습니다. 나가사키에서 온 사람을 그 배에 태우고 돌아간다고 해서, 나도 그 배에 탔습니다. 가와코마루라는 큰 2층 배였는데, 오하토까지 모두 대롱대롱 매달려야 할 정도로 타고 있었습니다. 오하토에는 2시 반쯤 도착했던 거 같아요. 나가사키역까지는 갔지만, 더 이상은 갈 수 없었습니다. 환자에게 식사를 만들어 주고 배를 탔는데, 그날 안으로 아보탄광으로 돌아갔습니다. 돌아가니, 모두 떠들썩하게 그 폭탄에 대해 이야기하고 있었는데 확실해질 때까지는 섣불리 말하지 말라고 했습니다.

학생들은 모두 돌아왔지만, 조선인 사감이 시내에서 피폭된 조선인을 두세 명 데리고 돌아왔습니다. 사감님은 아무렇지 않았고, 조선인은 옷은 걸치고 있었지만 거의 다 찢어지고 크게 다친 상태였어요. 무엇보다 피부가 너덜너덜하게 벗겨져서 체액이 스며 나오고 있었거든요. 옛날엔 칭크유라고 하는 것밖에 없었어요. 그냥 바르면 미끈해서 발라지지 않으니까, 눈코입에 거즈를 붙여 치료했습니다. 그렇게까지 해도 눈에서 코에서, 또 귀에서까지 파리가 알을 낳아 구더기가 들끓어서, 그 구더기를 쫓아내느라 너무 힘들었어요. 나도 밥을 못 먹게 되었어요. 7~8명 정도, 조선인 기숙사 2층에 모두 나란히 눕혀 두었습니다. 모두 "아이고, 아이고~!"라며 울부짖으니까, 참으라고 하면서 칭크유를 바르거나 약을 발라 주었어요. 또 한 명의 간호부 포함해서 둘이었습니다. 어쨌든 손이 모자라서. 조선인들은 냄새가 나잖아요. 이가 옮지 않도록, 사흘째에는 돌아오곤 했습니다. 나가하마(長浜)에도 도우러 갔기 때문에, 틈날 때마다 치료하러는 갔습니다. 그때는 하루가 어떻게 지나는지 몰랐어요. 원폭이 떨어지고 나서 이윽고 15일, 패전 이야기를 들었어요. 그러더니 진주군이 몰려온다면서, 여자들은 모두 피난해야 한다고 해서 나는 다메이시(爲石)로 피난했습니다. 그래서 그때 조선인들이 다 나았는지 죽었는지 끝까지 없어서 나중 일은 모르겠어요.

조금 지나서 진정이 되고 8월 말쯤인데, 방에 짐을 가지러 갔더니, 기숙사는 이미 텅 비어있었어요. 보국대도 조선인도 없었습니다. 규슈대 사람은 자기 이불을 가지고 왔었고, 나머지 사람은 가와나미가 비교적 좋은 것을 빌려주었는데, 이불도 뭣도 없었어요. 아무것도 없었습니다. 의무실의 기구도 전부 다 없어졌더라고요. 가와나미가 정리했을 리는 아마 없을 겁니다. 이불에서부터 차별이 있었어요.

전쟁이 끝난 후 나는 싯쿠이마치(石灰町) 조산원에 있다가 다시 가와나미로 끌려와 근무했습니다. 1948년에 위생 관리자 시험을 치렀습니다. 공장 순시, 신체검사, 출산이 있으면 조산원으로 뛰어다녀야 했거든요. 어쨌든 가와나미는 사람 다루는 것이 거칠었습니다. 결핵이 많았어요. 전기공장이든 기계공장이든 한꺼번에 환자가 나왔습니다. 결핵 검진은 점심시간에밖에 할 수 없었어요. 간접 촬영을 시켜서 좀 이상하면 객담검사를 시키고. 18년간 객담검사에서 가프키 호수가 7호인 사람도 있었어요. 그런 사람들을 결핵요양소로 데려가면 오히려 불평을 했어요. 그러면 가와나미가 급료의 60%밖에 안 주니까요. 그래서 나는 이대로 결핵을 방치할 것인가, 40%를 위로금으로 내놓으라고 담판했어요. 그랬더니 이번에는 환자들도 편해져서 그런지 보러 안 가면 그런다고 삐치는 거예요. 외국인 포로수용소에 '건강농장'이라는 것을 만들어 거기서 1시간이나 2시간 노동을 시키고, 그러다 의사가 됐다고 하면 직장으로 되돌려 보냈습니다.

가와나미는 입사할 때 청진과 타진만으로 입사시켰기 때문에, 당시 16만 엔 정도의 엑스레이가 나중에 몇백만 엔이 될지 모르니 지금 사달라고 해서 구입했습니다. 전쟁 중에 가와나미 도요사쿠는 "전쟁에서 이기면 가와나미 배로 세계 일주를 시켜주겠다!"라는 대 연설을 한 적이 있어요. "명줄이 아깝지 않은 놈이 가야겠네"라고 다들 이야기했었어요.

그 당시의 학생들이 전쟁이 끝난 후에도 자주 편지를 보내주기도 하고, 내가 도쿄에 가면 '나가사키 어머니'가 왔다면서 오이타경제전문학교(현재의 오이타대학 경제학부)의 3명이 도쿄 구경을 시켜준 적도 있었습니다. 나는 결혼하지 않고 1983년 3월까지 고야기마치 촉탁의 조산원으로 근무하고 있었습니다.

후지이 유코<br>
오카 마사하루<br>
다카자네 야스노리<br>
오카무라 타쓰오<br>
오시가타 히데유키<br>
니시다 히로시

### 전시 중 '배급품'을 취급했기 때문에

[ 이 름 ]   우메하라 ○○
[ 나 이 ]   72세
[ 성 별 ]   여자
[ 생 년 ]   1911년생
[ 거 주 지 ]   나가사키현 니시소노기군
[ 증 언 일 ]   1983년 1월 9일

그날은 고야기에 있었습니다. 8월 9일 그때는 섬광이 먼저 훅 날아 왔습니다. 그래서 다들 너무 놀라서 방공호로 들어갔지요. 제가 마지막으로 들어가자마자 동시에 폭풍이 닥쳐서 창호가 퍽퍽 쓰러졌습니다. 이쪽에 폭탄이 떨어진 것도 아닌데 이상하다 싶었고, 뭐가 뭔지 몰라 어리둥절해 있었지요. 나중에 들으니까 나가사키에 신형폭탄이 떨어졌다는 거였습니다.

지금 우리가 살고 있는 이 집 앞에 조선인 함바가 있었습니다. 나는 당시 이곳에서 소금 배급을 도맡아 하고 있었는데, 그때 약 5,000명분을 취급했습니다. 그 밖에도 술과 담배 배급도 맡고 있었어요. 그래서 이 나가하마(長浜)와 마테가우라(馬手ガ浦)의 소금을 인수하는 범위에서 조선인 수는 2,000~3,000명이었다고 생각합니다. 우에무라(上村) 등의 여러 구미(組)가 있었어요. 소금은 한 사람당 한 달에 200g입니다.

함바는 물자가 없으니까 판잣집 단층에다 함석지붕이었어요. 바닥은 당연히 다다미를 깔았고요. 그중에는 가족이 있는 사람도 있었습니다.

우리들은 1942년 10월 5일, 옛날 마테가우라에서 가와나미가 매립한 지금의 마테가우라로 강제 이전하게 되었습니다. 전시체제였으니까 협조하라는 거였어요. 집 근처의 함바는 1943년경에 생겼습니다. 나머지는 가와나미 공장 뒤에 많이 있었습니다.

소금 배급은 1943년경부터 맡아 왔으며 남편이 1944년에 군대에 소집된 이후에는 나 혼자 맡았습니다. 반 별로 한꺼번에 우리 집으로 받으러 왔습니다. 조선인은 도항(渡航)구미라고 해서 그 안에 함바 몇 곳이 포함되어 있었는데, 일본어가 능숙해서 "부인, 도와드릴까요? 방공호 파는 일도 시켜주세요"라고 했습니다. 소금을 나가사키에서 운반하는데도, 각 함바가 자기들한테 맡겨달라고 이름을 대었습니다. 나도 인정상 소금을 주곤 했습니다. 조선인은 모두 한창 일할 나이인 20대, 30대, 40대, 50대 남자였으며, 가족이 있는 경우도 조금 있었습니다. 아이들은 마을 쪽 소학교에 다녔던 것 같아요. 그들이 하는 일은 가와나미의 도크 일을 돕는 것입니다. 큰 도급사가 있고 그 밑에 또 우두머리(親方)가 있고 그 아래에 함바가 있는 식으로 통일되어 있었습니다. 아무 문제도 없이 평화로웠습니다. 조선인의 잔치 같은 그런 것도 없었어요. 정말 조용했습니다.

원폭이 투하됐던 날 밤에 각 함바에서 나가사키로 지원을 나갔다고만 들었습니다. 자세한 것은 모릅니다. 패전 날이 되니까, 어느샌가 다들 사라지고 없더라고요. 친분이 있었던 사람 중에, "부인, 조선으로 돌아갑니다"라고 인사하러 온 분도 계셨지만요. 텅 비었기 때문에 가와나미에 그 함바를 어떻게 할지 교섭을 했더니, 해체해서 땔나무 등으로 사용하라고 해서 부락 사람을 써서 해체했습니다. 그러니까 함바 터에는 아무것도 남아 있지 않습니다.

만일 그때 소금의 배급 명부를 가지고 있었다면 분명한 걸 알 수 있을 텐데 말이죠.

후지이 유코
오카 마사하루
다카자네 야스노리
오카무라 타쓰오
오시가타 히데유키
니시다 히로시

## 아보탄광 부근의 조선인들

- 
- 

[ 이　름 ]　오와타리 ○○
[ 나　이 ]　59세
[ 성　별 ]　여자
[ 생　년 ]　1923년생

[ 거 주 지 ]　　나가사키현 니시소노기군
[ 증 언 일 ]　　1982년 10월 11일

　우리 시어머니가 곧잘 말씀하셨어요. 식량이 없어서 우리 집에서도 밭농사를 지었는데, 고구마를 키우기 전에 모종을 먼저 만들었어요. 그런데 누가 그것을 캐 먹어서 곤란했다는 이야기를 자주 하시더라고요. 그 사람들도 먹을 것이 없어서 힘들었겠지요.
　시어머니가 힘들게 심어두면 그걸 캐 먹어 버리는 거예요. 정착해 살던 사람이 아니라 징용공들이 그랬습니다.
　그 당시 일을 잘 아는 사람 말인가요? 할머니들밖에 모르지 않을까요. 아, 잠깐만, 잠깐! (집 밖을 지나가던 청년들을 향하여) 자네들, 전쟁 때 일을 잘 아는 할머니들 혹시 아는가? 그래 맞네, 저 젊은 친구 누나도 한국 사람과 결혼했어요. 나고야(名古屋)에서 산다고 하대. 여기서 결혼해서.
　그래그래, 모모(モモ) 할머니가 알고 있겠네! 그 할머니라면 잘 알 거야, 사토(佐藤) 모모에 씨라는 분이에요. 여러분이 아는 연예인 야마구치 모모에(山口百惠) 씨하곤 이미지가 다르겠지만. 바로 근처예요, 가서 물어보면 될 겁니다.
　이오지마에 대해서는 시집오고 나서 들은 거라 잘 모릅니다. 고야기에 대해선 잘 알고 있습니다. 거기에 살았으니까요. 고야기의 혼무라(本村)에 살고 있었습니다. 우리 집 근처에도 한국 사람이 많이 있었습니다. 판잣집에 사는 가나야마(金山) 씨라는 사람이 있었습니다.
　아보라는 탄광이 있었잖아요, 거기 조선인들이 많았어요. 우리 집 근처에도 자세히 아는 사람이 있어요, 한국으로 시집보낸 사람도 있고, 내 한 세대 아래 사람도 결혼해서 한국으로 따라가야 했는데, 그러곤 연락도 없어요. 바로 얼마 전에도 동창회를 했는데, 그때도 모두 "다케는 어떻게 된 거야?"라더군요. 중국 사람들도 (중국 잔류 고아의 부모 찾기) 그렇게 해서 알게 되는 거예요. 어떻게 해서든 소식을 알고 싶은 거죠. 형제도 아직 고야기에 많이 있어요. 구와자키(桑崎)라는 사람은 다케와 마쓰라는 쌍둥이 형제였어요.

우리 아버지가 기범선을 소유하고 있어서 한국 사람을 많이 태우고 다녔어요. 부산 앞바다에서…. 분명히 두 번, 우리 아버지는 두 번 항해를 했어요. 저희 아버지가 잘 아실 겁니다. 꼭 찾아가 보세요. 연세는 이미 여든다섯인데 치매가 있거나 하진 않으세요. 고야기노사토(香焼の里)라는 곳에 살고 계십니다.

내가 알고 싶은 건, 한국인 하면 다케 씨 형제 소식에 대해 알고 싶어요. 이오지마에는 1948년에 왔으니깐, 그 이후의 고야기에 대해선 잘 모르지만요.

인간임에는 다름이 없다고 항상 우리 아버지가 말씀하셨습니다. 고야기에 있을 때요. 고야기터널 부근에 판잣집 4채가 있었는데, 거기에 한국 사람들이 되게 많았습니다. 전쟁 중 일입니다. 그 당시 거기 있던 사람들이 우리 당숙에게 배추를 주기도 하고 우리가 잘라다 먹기도 했어요. 좋아해서 달라고 부탁하기도 했고요.

가나야마 씨라는 분에게 물어보면 잘 알 겁니다, 의사 선생님이에요. 그분의 아내 되는 분의 친정이 나가하마의, 미쓰비시 정문에서 조금 올라간 곳에 있는데, 후지토(藤戸) 씨 댁입니다. 그분이 잘 아실 겁니다. 이 댁은 외동딸을 한국인에게 시집을 보낸 거죠.

우리 아버지는 기범선 선주였는데, 정말 간신히 살아 돌아왔거든요. 그에 대해서도 말씀드리겠지만, 아보탄광으로 가는 길에 판잣집이 있었는데 그곳을 도쿠나가(德永)라고 불렀습니다. 도쿠나가라는 것은 유곽으로, 작은 유곽이 있었는데, 도쿠나가라는 사람이 운영하고 있어서 아이들은 "도쿠나가, 도쿠나가!"라고 부르곤 했어요. 길게 지어진 판잣집이 있었어요. 판잣집 안은 칸막이만 처져 있을 뿐 아무것도 없었어요. 입구로 들어가면 거기에 토방이 있고, 나머지는 판자만 대어져 있고 아무것도 없어요, 바깥쪽은 중창이 있을 뿐, 단칸방으로 6조 크기였을 거예요. 아마 8조 크기는 없었을 겁니다. 그곳에 많은 사람이 있었어요, 그 좁은 곳에. 이불은 그대로 쌓아두고, 아이들은 또 얼마나 많았다고요. 그곳에 있던 사람 중 한 사람이 나중에 후쿠오카에서 성공했다는 이야기를 아버지한테서 들었습니다.

나는 절임 반찬을 받으러 갔는데, 그곳 할머니가 참 좋았어요. 그래서 늘 절임을 받으러 다녔어요. 내가 가면 굉장히 귀여워해 주셨는데, 정말 귀여움을 많이 받았었어요. 여기 있었던 사람 중 한 명이 지금도 나가사키에 살고 있어요. 그건 시민병원에 입원했을 때 우연히 알게 된 거예요. 나중에 다시 이야기할게요.

그리고 그 판잣집에서 제가 기억하고 있는 것은요, 그곳 사람들이 젖을 먹일 때예요. 젖가슴이 엄청 큰데, 옆으로 이렇게 해서 젖을 물리거든요. 업고 있는 아이를 이렇게 돌려서 젖을 먹이는데, 젖이 잘 나오나 봐요. 그런데 뭣보다 우리는 열일고여덟 살이었잖아요. 마늘 냄새가 너무 싫었어요. 지금도 싫어요, 그 냄새는. 판잣집 안으로 들어갈 때면, "아줌마, 냄새 나요!"라면서 들어갔어요. 배급이 있었잖아요. 배급을 가져다줘야 하니까, 갈 때는 "할머니, 아휴 냄새!"라면서 들어갔거든요.

근데 나중에 가서는 그것도 익숙해지더라고요. 그 배추 한 장씩 떼어낸 것을 넣어 조선 절임을 담가 주셨어요. 처음에는 냄새난다고 생각했는데,

나중에는 절임 반찬을 만들어 달라고 부탁했을 정도였어요.

아까 말한 고야기의 아주머니, 시민병원에서 만났던 사람인데, 제가 1952년과 53년에 입원했을 때 옆 침대에 한국인이 있었는데 그분이 돌아가셨어요. 자살, 자살이었습니다. 뭔가 약을 먹었는데, 딸이 있었어요. 사망했을 때, 나가사키의 조선인연맹 사람들이 많이 왔었어요. 그 위세척을 하는 거예요, 옆 침대에서. 서쪽 병동에서였는데, 항상 욱욱 토악질을 해서 휴지로 닦아주곤 했습니다.

남편은 역 앞에서 이발소를 했습니다. 부인이 돌아가시기 전에, 침대 밑에 지갑이 있었는데, 거기에 돈이 들어 있으니까 그걸로 휴지 사달라고 하는 거예요. 나는 내일까지 기다리면 찾아오는 사람이 있을 텐데 하며, 내 휴지를 준 것입니다. 그날 밤 병세가 급변했어요.

그때 미치요가 와서 이걸 부탁하면서 지갑을 보여 준 거예요. 아, 미치요 씨는 그분 따님. 그렇게 사망하니까 조선인연맹의 사람이 왔길래, 미치요 씨한테 주라고 했다고 말했지요. 그런데 그 전에 금테 안경을 쓴 남편이라는 사람이 찾아와서 침대 밑을 뒤지더니 그걸 가져가 버리더라고요. 미치요 씨가 오기 전에. 그때 병실에 여섯 명이 있었는데, 그래서 그렇게 말했는데 벌써 가져가 버렸다고 서로 얘기하고 있었어요. 그런 일이 있었답니다.

그 사람은 죽을 때까지 숨이 끊어질 때까지 "미치요야, 미치요야!"라고만 했습니다.

어쨌든 사망 후에 사람들이 많이 왔어요. 그 많은 사람 중에 그때 판잣집에 살았던 사람으로 보이는 이가 있었습니다. "어머, 아주머니! 고야기에 계셨지요?"라고 물었지요. 그때 나가사키에 산다는 사실을 알게 된 거예요. 이 이야기는 1955년 무렵입니다만, 태풍이 계속되던 해였습니다.

생각해 보면 저도 심술궂었던 거 같아요. 지금 생각해 보면 그 사람들이 있잖아요, 비 오는 날에 일부러 철퍽철퍽 걸으면서 우리에게 진흙탕이 튀게 했죠, 우리 관심을 끌려고 말이에요, 그렇게 걷는 거예요. 우리도 성질이 나지, 안 나겠어요? "하지마! 더러워지잖아!"라고 소리를 빽 질렀지요.

나는 아버지한테 귀가 아프도록 잔소리를 들었거든요. 오빠도 군대에 가 있을 때라, 차별하지 말라고 호되게 꾸중을 들었어요. 그 당시 "조센징, 조센징 무시하지 마!"라고, 그 발음이 재미있어서 놀리곤 했지요. 그랬다가 아버지한테 심하게 혼났어요. "너희들 무슨 짓이냐?"라고 심하게 꾸중을 들었습니다.

그도 그럴 것이 대동아전쟁이 시작되자마자 기범선을 만들어서 말이죠, 미쓰비시에서 군수품을 사세보로 운반해 가는 일이었는데, 그 뭐 포대를 만드는 부품이었어요, 그걸 싣고 미쓰비시에서 나가서, 우리 아버지는 배가 한 척만 있는 게 아니라서, 우연히 그날도 밤 항해라면서 군수품을 싣고 밤 8시쯤 떠났거든요. 그런데 거센 바람으로 바다가 난동을 부리는 통에 배가 침몰되고 말았습니다. 그 일이 있고 나서, 그날 밤 12시경이었습니다만, 잊지도 않아요, 군홧발 소리가 나더니 집 쪽으로 점점 올라오는 소리가 들렸어요. 언덕배기에 있던 집이었는데, 그곳을 군홧발이 집 쪽으로 점점 올라오는 소리가 나더니 "쾅쾅"하고 문을 두드리고, 어머니가 열어주기를 기다리지 못하고 구둣발로 문을 걷어차듯이 들어와서 구둣발인 채로 다다미방에 들어와 전부 엎어버린 거였어요.

우리 집은 엄마의 오빠가 브라질에 건너가 살았는데, 그 외삼촌 아내가 영국인이에요. 그런데 외삼촌이 마침 성묘를 와 있었거든요. 그래서 일부러 배를 침몰시킨 거라고 하면서, 우리가 보는 앞에서 아버지께 수갑을 채우는 겁니다. 아버지께 물어보실래요? 다 얘기해 주실 거예요. 그래서 전의 원폭병원(나가사키시 가타후치마치, 片淵町)이 육군의 요새 사령부였는데, 거기서 아버지는 고문을 당했지요. 당했어요. 3주 정도 구금되어 있다가 돌아왔어요. 거의 죽을 지경이 돼 있었죠. 그래서였는지, 왜 일본인끼리 그렇게 서로 미워하느냐고, 전쟁이 끝났을 때 아버지가 울면서 그러시더군요.

왜 그렇게 사람을 서로 미워하는지…. 1941년 3월인가 4월쯤이었습니다.

"당신들이 그렇게 나를 의심한다면 자 이것 좀 보시오!"라며 우리 배를 나라에 바쳐, 양쯔강인가 어딘가로 보내고 말았습니다. 그 당시 돈으로 16엔 정도에 군에 바쳤던 거죠. 그래도 의심을 샀어요. 스파이 혐의 때문에 참 혹독했어요. 헌병들이 정말 혹독했어요.

그래서 우리 아버지는 "조선인도 인간으로서 다름이 없다"라시면서 우리를 야단쳤습니다. 그런 식이었어요.

우리 어머니가 종종 조선인들에게 고구마를 주었습니다. 어머니가 모판의 것은 인분을 쳐서 더럽다고, 그 기생충 때문에 배탈이 난다고, 그래서 여기 씨고구마가 있다고 하면 기다리질 못하고 이렇게 짊어지고 가는 것을 보았습니다.

다들 젊은 사람들이었어요. 한국 사람이었습니다. 배가 고팠을 거예요. 고야기에 대해 아버지께도 물어보지 않을래요?

오카무라 타쓰오<br>니시다 히로시<br>오시가타 히데유키

## 선장으로서 조선을 왕복했다

- 
- 

[ 이　름 ]　마에다 ○○
[ 나　이 ]　87세
[ 성　별 ]　여자
[ 생　년 ]　1896년생
[ 거 주 지 ]　나가사키현 니시소노기군
[ 증 언 일 ]　1982년 10월 18일

원폭 때 나는 줄곧 배를 타고 있었습니다. 배를 가지고 있었으니까. 고야기에는 조선인이 많았지요. 우리는 젊은 조선인을 "여보, 여보"라고 불렀습니다. 상대방을 '당신', 여자를 '아줌마', 음경을 '좆 대가리'라고 부르더군요.

가와나미가 1937년에 생기고, 필시 1939년부터 조선인들이 들어와 1940년부터 징용 노무자들을 터널 공사나 가와나미 매립공사에 사용했습니다.

조선인은 소학교 운동장에 있는 나야, 나가하마, 마테가우라, 타노우라(田の浦)의 고지대, 가게노오(陰の尾) 쪽에 많이 살았어요. 제가 알기로는 1944년에 마을 인구가 2만 4,000명이고, 전쟁 끝난 후인 1945년에는 1만 9,000명 정도였으니까, 차감한 5,000명 정도가 조선인이 아니었을까요. 확실히는 모르겠지만.

원폭이 떨어졌을 때, 나는 이나사바시(稲佐橋) 다리 근처에서 너벅선에서 잡화를 하역하고 있었지요. 그 배에는 네 사람이 타고 있었어요. 너벅선이라는 것이 원래 바닥이 깊어서, 배 선실에 있었다고 해요. 확하고 파도가 높이 쳐서 부딪혔는데도 용케 살아남았지요.

간신히 목숨을 건져서, 쌓고 있던 짐을 모기(茂木)로 가지고 갔습니다. 9일 3시쯤이었어요.

나는 소방부장도 하고 있어서, 9일 밤은 이카노우라(飯香の浦)에 묵었습니다. 밤에 도핫케이(唐八景)까지 올라가 보니, 시내가 전소되어 정말 참혹했습니다. 10일에는 아침 11시경에 돌아왔습니다. 11일에 배로 노모(野母)를 돌아 정차장 쪽에 배를 세우고 올라갔습니다. 그때부터 12일에 걸쳐 15마력의 작은 배로 오하토와 이나사바시를 왕복하면서 다치거나 죽은 사람을 이나사(稲佐) 쪽으로 운반했습니다. 정말 끔찍했습니다.

8월 13일, 소방단 자격으로 우라카미(浦上)의 후카가와(深川)까지 가서 철강소 쪽에 배를 댔어요. 거기 사방에 시체가 떠 있었어요. 그리고 다친 사람들을 아바(網場)까지 실어 날랐어요.

8월 20일 저녁때였는데, 경찰 부장이 나를 찾아왔더군요. "미안한데 조선인을 좀 실어다 주지 않겠나?"라는 겁니다.

그래서 "기름이 없는데 어떻게 하느냐?"라고 했더니, "몇 통 필요한가?"라길래 "조선까지 갔다 오려면 왕복에 드럼통 세 개면 어떻게든 되지 않겠습니까?"라고 하니, "어떻게든 준비하겠으니. 부탁하네"라더군요. 그 후에도 촌장이랑 같이 왔었어요. 말하기를, "조선인들이 폭동을 일으키니까, 빨리 돌려보내지 않으면 안 돼"라고 하더군요.

그래서 35마력의 100톤 선, 기범선으로 승무원 6명을 데리고 가기로 했습니다.

8월 21일에 준비를 마치고 22일에 출항 준비를 했습니다. 이때 조선인은 징용공 200명, 민간인 17명, 남자들뿐이었습니다. 그 밖에 심하게 다쳐서 들것에 실린 사람이 7명 정도였고요. 원폭으로 화상을 입었더군요.

오후 4시에 혼무라(本村)에서 출항했습니다. 마을 사람들이 배웅해 주었지만, 바람이 대단해서 어떻게 될지 걱정이 많았지요. 밤 9시에 히라도(平戶)의 좁은 해협을 통과하고, 다음날인 23일 낮 2시에 이키(壱岐)의 가쓰모토(勝本)에 간신히 도착했습니다. 밥을 짓기 위해 물을 가지러 갔어요. 목이 마른 조선인들은 앞다퉈 헤엄쳐서 물을 마시러 갔어요. 이키에서는 여기 상륙하면 곤란하다고 해서, 그곳 소방단과 경찰이 물만 주겠다면서 물을 보급해 주었습니다. 그래서 저녁 6시 지나 가쓰모토를 출항하고 나서, 대마도를 향해 현해탄을 건넜습니다. 거기 있는 만제키바시(万関橋) 다리를 지나려고 이즈하라(厳原) 북쪽 마가리(まがり) 항으로 한밤중에 들어갔습니다.

측심계로 재면서 조금씩 나아갔어요. 그리고 20미터 정도 되는 곳에 닻을 내렸어요. 그때 하카타(博多)에서도 두세 척의 배가 오고 있었습니다. 그 배는 강풍에 손상을 입었는지, 우리 배로 오더니 기계가 부서져 그러니 태워 달라는 거야, 끌어주든지 하라고 말이에요.

대마도에서 사흘이나 묵게 되어 그때 싣고 간 쌀 3가마니 중, 1가마 반을 먹어 치웠어요. 큰 솥을 두 개나 가져와 주먹밥을 만들어 먹였답니다. 조선인 중에서 건강하고 돈이 있는 사람은 이즈하라까지 가서 이것저것 사 오기도 했지요.

8월 27일 밤에 드디어 조선의 부산 영도에 도착했습니다. 그리고 부산의 가파른 벼랑에 있는 정차장 밑에 배를 댔습니다. 일본인 순찰병이 와서, 총검을 차고 있었는데, 그가 와서 "어디서 왔느냐"고 묻는 거예요. 그때 배에 타고 있던 조선인 반장이 선장인 나를 발가벗기니까 그 순찰병들이 둘러싸더군요. 그제야 사정을 이야기하고 조선인들 모두 상륙할 수 있었습니다.

부산은 이제 붉은 깃발(*사회혁명 깃발)이 잔뜩 휘날리고, "해방이다,

해방이다!"라고 환호하고 있었습니다.

　배 안에서 조선인은 아무 탈도 없이 고향으로 돌아간다면서 다들 굉장했습니다.

　나는 선장으로서 모두를 무사히 보내줄 수 있어서 안심했습니다.

　피폭된 사람이나 당시 조선인은 어떻게 되었을까요? 같은 방법으로 돌아갈 수 있었던 사람도, 그때는 태풍의 계절이었기 때문에 조난당해서 죽은 사람도 많았다고 들었습니다. 정말 끔찍했어요.

　어쨌든 고야기에는 조선인이 많이 있었으니까요.

오카무라 타쓰오
오시가타 히데유키
니시다 히로시

### 조선인 기숙사가 있었다

- 
- 

[ 이　름 ]　　고미야 ○○
[ 나　이 ]　　57세
[ 성　별 ]　　남자
[ 생　년 ]　　1925년생
[ 거 주 지 ]　　나가사키현 니시소노기군
[ 증 언 일 ]　　1982년 10월 18일

　현재 이곳에 건물은 남아 있지 않지만, 전쟁 중에는 2층짜리 큰 목조 건물의 기숙사가 3개 동 세워져 있었습니다. 맨 끝에 세이켄(淸健) 기숙사가 있었는데, 이곳에는 학도보국대가 있었습니다. 훗날 고코쿠(皇国) 기숙사나 호코쿠(報国) 기숙사라고 불렀는데, 이 두 동에 조선인이 있었습니다. 한 동의 폭은 50~60미터나 될 만큼 크고, 기숙사와 기숙사 사이가 10미터 정도 떨어져 있었습니다. 여기에 받침돌이 남아 있고, 저기는 화장실 터입니다. 세이켄 기숙사에는 다카라즈카(宝塚) 위문단 등이 왔었습니다. 원폭이 떨어졌을 때는 정말 많이 있었습니다. 인원수는 확실하지 않지만 상당수 있었던 것 같습니다.

 1,000명은 됐을 겁니다, 그 정도까지 됐는지 어떤지는 잘 모르겠지만, 상당히 있었던 것 같습니다. 1943년경부터 기숙사들이 생겼던 것 같네요.

오카무라 타쓰오<br>
다카자네 야스노리<br>
오카 마사하루<br>
오시가타 히데유키

## 표류해 온 조선인을 매장했다

- 
- 

[ 이 름 ]  야마구치 ○○
[ 나 이 ]  66세
[ 성 별 ]  남자

[ 생 년 ]　　1916년생
[ 거 주 지 ]　　나가사키현 니시소노기군
[ 증 언 일 ]　　1982년 10월 15일

　나는 현재는 고야기마치 관청에서 회계 담당 책임을 맡고 있습니다. 고야기에 있던 조선인 말인데요, 당시에는 대략 4,000명 정도였던 것 같습니다. 왜냐하면 쌀 배급 대장이 그 정도였거든요.
　하지만 실제 인원수는 더 적었을 것으로 보입니다. 당시 배급에서는 1일 한 사람당 1홉 7작으로 이것은 일반 국민도 마찬가지였고, 나중에 옥수수나 고구마도 추가되어 식량 악화가 진행되었습니다.
　사실, 1홉 7작으로는 하루 종일 중노동을 하면 버텨낼 수가 없거든요. 5홉은 먹어야지. 그러니까 만약 실제로 1인분으로 5홉을 줬다면, 한 사람이 2, 3인분의 배급이 필요했을 테니까, 실제 인원수는 4,000명의 4분의 1, 혹은 3분의 1이 아니었을까요? 틀림없이 유령 인구가 있었을 겁니다.
　어쨌든 패전 직후, 구루메(久留米) 사단의 명령으로 일반 서류는 소각하라는 명령이 있어 소각해 버렸기 때문에 모르겠습니다.
　나는 당시 고야기무라의 병사계에 있었습니다.
　조선인들이 어디쯤 살았는가 하면, 아보탄광 쪽 1동에 조선인이 있었습니다. 다른 2동에는 학도보국대가 있었습니다. 조선인은 징용공원으로 250~300명 정도가 아니었을까요.
　조선인이 살던 탄광 쪽의 나야 생활 상태인데, 나 같은 경우는 조선 절임이나 막걸리 등을 받았는데, 그것은 검소한 생활이었습니다. 그곳에 있던 아이들은 학교에는 다니지 않았습니다.
　그곳에 있던 사람은 가와나미조선으로 일하러 다녔는데, 탄광에는 조선인들이 일하지 않았던 것이 아닐까요? 대체로 토목 작업에 종사하고 있었으니까요. 아보탄광 쪽에는 당시 그곳 책임자였던 후자와(布澤) 씨가 계시니 물어보는 것이 좋을 겁니다.

그리고 광업소 쪽 코에이(鉱栄) 구미의 책임자였던 사람 중에 호소노 시게오(細野重雄) 씨라는 사람이 있습니다. 현재 이시카와(石川)현 고마쓰(小松)시 ○○에 계시고, 본적은 가가(加賀)시 ○○였던 것으로 압니다. 혹시 연락이 닿으면 자세히 이야기해 주실 거라고 생각합니다.

조금 전의 학도보국대에 국가총동원법으로 징용된 보건부(保健婦)가 지금도 계시니까 물어보셨으면 합니다.

나는 전쟁 때부터 1939년에 촌의 관청에 들어가 병사계를 담당했으며, 전쟁이 끝난 후에는 1960년까지 원호계 주임을 맡았고, 1960년부터는 회계 담당을 했습니다.

병사계를 맡고 있을 때인데요, 1943년에 조선인 지원병을 한 사람 하카타까지 데리고 간 적이 있습니다. 하카타가 외지 출병의 집합소였거든요. 그 조선인은 18살이었어요.

그리고서 이런 일도 있었어요.

원폭이 떨어져 패전하고 나서 2~3주 후인 8월 말인가 9월 초, 가게노오(蔭の尾)에 있는 저수지에 익사체를 뭉동이에 넣어 묻었습니다. 그 무렵 그 근처에 조선인 익사체가 여럿이 표류해 왔는데, 그것을 마을에서는 행려 사망자로 비용을 대서 매장했습니다.

지금 어떻게 되어 있을까요?

그리고 원폭이 떨어졌을 때, 가와나미의 업무로 시내로 데려간 조선인도 꽤 있었는데, 피폭되어 죽었을 겁니다. 나도 피폭 후 9, 10, 11일과 구원 작업에 나갈 때 조선인도 몇 명인가 타고 있었는데, 나중에 들으니 섬을 빠져나와 나메시(滑石) 쪽으로 갔다는 말을 들은 적이 있습니다.

오카무라 타쓰오
다카자네 야스노리
오카 마사하루
오시가타 이데유키

## 아보탄광 책임자였다

- 
- 

[ 이 름 ]　　후자와 ○○
[ 나 이 ]　　69세
[ 성 별 ]　　남자
[ 생 년 ]　　1913년생
[ 거 주 지 ]　나가사키현 니시소노기군
[ 증 언 일 ]　1982년 10월 15일

나는 현재는 고야기공업의 대표자이지만, 그 원폭 시절에는 석탄 쪽 책임자를 맡고 있었고, 거기에 조선인은 200명 정도 있었을 것이다. 아보탄광에서 일하던 사람도 있어, 1940년 무렵부터 있었던 것 같은데 1938년, 39년경에는 이미 조선인이 들어와 있었을 것이다. 가와나미조선에 있던 조선인이 거주하던 곳은, 지금의 공영주택이 있는 자리인 이케노우에(池ノ上)의 탄광 종업원 주택이었던 것 같다. 독신자 기숙사가 주를 이루는데, 건물은 허술했다.

내가 있던 곳에 있던 조선인 중 가족을 둔 사람은 일본인과 동등했고 배급품도 같았다. 특별 배급도 있었고, 일반 사람보다 우대를 받았을 것이다. 임금도 전혀 다르지 않았던 게 아닐까. 조선인 노무자의 급료는 2~3엔이었다.

단지, 함바에 있던 조선인은 함바의 우두머리가 일부 빼돌려 착취하고 있었기 때문에, 그런 것이라면 적었을 것 같다. 식사를 빼앗는 일도 있었지. 그래서 소금도 부족했는데, "소금이 없으면 손을 핥으라"라고 했다.

조선인 인원수는 확실치 않지만, 내가 있던 곳에는 50명 정도가 들어갈 수 있는 건물이 4~5채, 독신자 기숙사가 있었다. 유부남은 30~40세대였던 것 같다.

함바의 우두머리는 일부를 착취하고 있었고, 유령 인구를 만들어 배급 인원수 등을 속였기 때문에 비교적 부유했던 것이 아닐까.

고야기는 전후 단 한 명도 전범을 내지 않았다는 것이 자랑이다. 고야기에서는 전쟁 당시 세계 유수의 10만 톤 도크가 있었고, 동시에 4척 정도 한꺼번에 진수할 수 있을 정도로 컸다. 5년 동안 550척을 만들었으니까 대단한 것이었다.

가와나미조선은 도조 히데키(東條英機)의 직계였던 도야마(富山)현 수산공업의 가와나미 씨가 세운 것으로, 정부도 중요하게 여겨 깊은 관계에 있었기 때문에 여러모로 굉장했다.

내가 있던 곳에 조선인들이 자주 왔는데, 나를 무척 귀여워해 주곤 했다. 조선인과의 트러블은 그다지 없었으나, 1942년 2월 15일에 가스폭발 사고가 있었고, 그때에는 18명이 죽었고 조선인도 10명이 죽은 적이 있다. 유족 부조금은 제대로 나왔을 것이다.

전쟁 중에는 식량과 물건이 없어서 모두 곤란을 겪고 있었다. 지카다비

(*작업용 신발) 한 켤레를 쌀 한 말과 교환하는 일도 있었던 것 같다.

오카무라 타쓰오
다카자네 야스노리
오카 마사하루
오시가타 히데유키

## 가와나미조선에서 일하던 조선인 이야기

●
●

[ 이　　름 ]　에가시라 ○○
[ 나　　이 ]　53세
[ 성　　별 ]　남자
[ 생　　년 ]　1929년생
[ 거 주 지 ]　나가사키시
[ 증 언 일 ]　1983년 6월 22일

　1943년 가이세이(海星)중학교 2학년 때부터 패전할 때까지, 나는 나카신마치(中新町) 자택에서 고야기의 가와나미조선으로 학도동원 때문에 보국대로서 일하러 다녔습니다. 작업현장은 의장(艤装) 공장으로, 작업원은 30~40대의 반장 1명으로 일본인. 그 밑에 20살 정도의 조선인이 1명. 그리고 일본인 2명, 학생 1~2명이 1개 반이었는데, 그것이 15개 반 정도 있었던 것 같습니다. 우리 같은 동원학도는 아침 일찍 오하토 선착장을 나가는 가와코마루라는 배를 타고 고야기의 마테가우라 선착장에 상륙하는데, 거기에서 정렬하여 점호한 후 각 작업 현장으로 갔습니다. 매일 오전

7시부터 오후 5시경까지, 10대인 우리에게는 고된 노동이었습니다.

도시락은 각자 지참이었는데, 식량난 시대이기도 한 터라 어머니의 고생이 말이 아니었지요. 조선인 노무자들의 점심은 함바나 나가야, 기숙사 등에서 운반해 왔는지, 도시락이었는지, 아니면 함바 등에 돌아가서 먹었는지, 그런 것은 기억나지 않습니다. 완성된 배를 선대(船台)에서 내리고 자축할 때는 백미 주먹밥이 나오는데, 그래서 그날만 기다렸던 기억이 납니다.

우리는 작업장에서 조선인들과 같이 일하는 것을 이상하게 여기지도 않았고, 그렇다고 그들과 특별히 친했던 것도 아니었어요. 그저 우리도 10대의 젊은 나이였던지라 조선인 차별에 대해 그렇게 생각해 본 적이 없었던 것 같습니다. 따라서 당시 고야기에 조선인들이 몇 명이었고, 어떤 동기로 끌려와 어떤 가혹한 노동조건을 강요받았는지, 또 어떤 생활 상태였는지 등에 대해서는 거의 모릅니다. 다만, 조선인 노무자의 수가 그리 적은 수는 아니었다는 것이 제 인상입니다.

나는 패전 후 다시 가이세이중학교에서 열심히 공부하여 1948년 3월에 졸업했습니다.

오카 마사하루

### 고야기지마에 있던 네덜란드인, 조선인

- 
- 

[ 이　름 ]　　아라키 ○○

[ 나 이 ]　　54세
[ 성 별 ]　　남자
[ 생 년 ]　　1928년생
[ 거 주 지 ]　　나가사키시
[ 증 언 일 ]　　1983년 6월 22일

　나는 가이세이중학교 학생 때, 학도동원의 보국대로서 1943년부터 일본 패전 날까지, 가타후치마치(片渕町)의 자택에서 고야기의 가와나미조선으로 일하러 다녔습니다. 작업 현장은 조선 관련의 부품을 완성하는 제품공장이었습니다. 모두 실내 작업이었는데, 일본인 반장이 1명, 학생은 2~3명, 작업원은 3명 정도로 1개 반이 7~8명 정도였습니다. 우리 반에는 없었지만, 다른 반에는 네덜란드 포로들과 조선인이 있었습니다. 제가 목격하고 경험한 범위 내에서는 일본인의 조선인에 대한 극단적인 차별이나 박해는 없었던 것 같습니다.
　뚜렷한 기억은 없지만, 고야기지마에 있던 조선인은 많았던 것 같습니다.

오카 마사하루

## 학대받은 외국인 포로, 조선인들

- 
- 

[ 이 름 ]　　사카이야 ○○
[ 나 이 ]　　54세
[ 성 별 ]　　남자

[ 생 년 ]　　1928년생
[ 거 주 지 ]　　나가사키시
[ 증 언 일 ]　　1983년 6월 22일

　　1942년, 나가사키상업 2학년 때 나는 학도동원의 보국대로서 오하토에서 배를 타고 매일 고야기의 가와나미조선소로 일하러 다녔습니다. 일의 내용은 물품 운반작업으로 실내외에서 작업을 하였습니다. 가와나미에는 일본인 징용공이 세력을 떨치고 위세를 부리는 것 같았습니다. 조선인 노무자도 있었지만, 조선인에 대해서 특별한 의식을 가지고 보지 않았기 때문에, 그들의 인원수나 생활 상황 등에 대해서는 관심이 없었습니다. 그래서 거의 그에 대한 지식이 없습니다. 가와나미에서 눈에 띄었던 것은 서양인들(영국인인지 네덜란드인인지 잘 알 수 없지만)이 발에 쇠사슬을 매단 채 키가 작은 일본인 노무자 감독 같은 자로부터 얻어맞고, 두들겨 맞고, 차이고 하면서 일하는 모습이었습니다. 우리는 '귀축미영격멸(鬼畜米英擊滅)'이라는 전시교육을 받았던 터라, 그런 강제노역과 혹사는 당연하다고 생각하고 있었지만, 그래도 몇 번인가 불쌍하다고 강하게 느낀 적이 있었습니다.

　　당시 저는 후나쿠라마치(船蔵町) ○○[현재는 다카라마치(宝町)] 거주했고 소학교는 젠자(銭座)소학교를 다니고 있었는데, 동급생 중에는 조선인 어린이들도 있었습니다. 일본 이름으로 가나야마(金山)나 그 외 이름을 쓰고 있었습니다. 중국인, 당시에는 '시나진(支那人)'이라고 했는데, 그들 자녀도 있었습니다. 린은 하야시(林)라는 이름을 썼던 것 같습니다. 다들 사이좋게 잘 지냈어요. 젠자소학교에서 나가사키상업으로. 그리고 1945년, 4년제를 졸업한 후 3월 14일 만주로 건너가 만주철도에 입사했지만,

일본 패전 후 매우 어려운 생활을 1년여 정도 하다가 1946년 1월 1일 하카타에 상륙, 나가사키로 돌아왔습니다.

오카 마사하루

## 고야기의 조선인들

- 
- 

[ 이  름 ]   요시우라 ○○
[ 나  이 ]   58세
[ 성  별 ]   남자
[ 생  년 ]   1925년생
[ 거 주 지 ]   나가사키현 기타타카기군(北高木郡)
[ 증 언 일 ]   1983년 6월 22일

나는 나가사키상업 4학년이던 1944년 여름방학부터 1945년에 걸쳐 학도동원으로 고야기의 가와나미조선에 다녔습니다. 작업의 내용은 삼태기 짊어지기 등의 토목공사였습니다. 당시 고야기에는 다수의 조선인 노무자가 강제노역을 하고 있었고, 작업 중인 그들을 여기저기에서 본 적이 있습니다만, 함바의 위치, 동수, 인원수, 생활 상태 등에 대해서는 거의 모릅니다. 사람 쓰는 것이 거칠었던 가와나미조선이라는 군수공장 안에서는 상당히 힘든 노동을 강요당했을 것이라고 짐작은 됩니다만.

## 아보탄광에서 일하던 조선인들

- 
 - 

[ 이　름 ]　　가와시마 ○○
[ 나　이 ]　　60세
[ 성　별 ]　　여자
[ 생　년 ]　　1922년생
[ 거 주 지 ]　나가사키시
[ 증 언 일 ]　1983년 7월 7일


나의 아버지 모리 기쿠오(森規矩夫)는 1945년 1월, 나가사키시 ○○에서 폐결핵으로 사망했습니다. 내가 22살 때였습니다. 아버지는 젊었을 때 야마구치현(山口県) 도쿠야마시(徳山市)에 거주했으며(나는 그곳에서 태어났습니다), 히카리(光)해군 공창의 납품 상인이었는데, 스이코샤(水交社 *옛 일본 해군고등관의 친목단체)의 일을 맡으라고 하여 마이즈루(舞鶴)시로 가서 그곳 스이코샤에서 수년간 일하였습니다. 그런데 어머니는 전신 이타이이타이병에 걸려 도쿠야마시로 돌아가 그곳에서 사망하셨습니다. 오빠 에이치가 7살, 내가 3살 때였습니다. 아버지는 그 후 교토(京都)에서 5년 정도 염색 연구에 몰두하였는데, 염색과 탈색의 기술을 '나카노야(中の家) 깃발 가게'의 선대에게 전수받아, 당신은 오다 키요지(小田喜代次) 씨와 후쿠다 도키지로(福田時次郎) 씨 두 분과 함께 공동 출자하여 1946, 7년경에 채석회사를 설립하고, 고야기탄광(광업권자 가와나미 도요사쿠)에 '쇄석(砕石)'을 납품하는 일을 시작했습니다. 아버지가 가와나미 도요사쿠와 친했기 때문이라고 생각합니다. 혼고치(本河内)의 채석장에서 채석된 '쇄석'은 트럭으로 오하토로 운반하여, 거기서부터 평평한 바닥의 대형 너벅선에 실어 고야기무라의 고야기탄광, 통칭 아보탄광 근처의 해안에 내렸습니다. 아버지가 마음을 써주셔서 그 너벅선을 타고 오하토에서 고야기로 몇 번인가 간 적이 있습니다. '쇄석'을 육지로 푸는 인부는 모두 조선인으로, 한겨울 눈이 내릴 때에도 상반신을 벌거벗은 채 삼태기를 메고 "하이호, 하이호"라는 구호를 외치며 조선인들은 일하고 있었습니다. 주위에는 헌병이 삼엄하게 서 있었습니다. 그 인부들의 우두머리인 마쓰야마(松山)라는 조선인은 아버지와 특별히 친한 것 같았습니다. 나는 상륙을 허락받지 못했기 때문에 상륙하지 않고 그 부근 바다에서 두세 시간 수영을 하며 놀고만 있다가, 이윽고 텅 빈 너벅선을 타고 오하토로 돌아갔습니다. 고야기 아보탄광 인근 해안에서 본 육지의 광경은, 자세한 것은 잘 모르겠지만, 육지에 있는 조선인 인부들의 오두막은 초라한 판잣집이 여러 채 있었던 기억이 납니다. 집 입구에는 거적이 드리워져 있었는데, 그걸 보면 내부에도 다다미는 없이 돗자리나 거적 정도였을 겁니다. 조선인 여자 모습도 보았습니다. 아마 밥을 짓고 있었던 것 같아요. 조선인 오두막에 살았던 사람은 200명이나 300명 수준이 아니었다고 생각합니다. 이 추억은 내가 12살~16살쯤이었을 때의 일입니다.

내가 20살이었을 때, 아버지 회사가 경리 부분의 문제로 재판에 넘겨졌는데, 다행히 아버지의 경리사무가 훌륭하다는 것이 만인에게 인정받게 되어 화해로 해결되었습니다. 그래도 결국에는 이것이 계기가 되어 회사에서 손을 떼게 되었습니다.

태평양 전쟁이 격심해졌을 무렵, 아버지는 자동차의 가솔린 배급 사무를 위한 기관을 건립하는 일에도 손을 대었고, 또한 된장이나 간장 등의 통제를 위한 '나가사키 간장 된장 양조 공업 조합'을 만드는 일도 했습니다. 하지만 우라카미(浦上)에 있던 된장, 간장 공장의 작은 불을 끄는 작업에 종사한 바람에 폐렴에 걸린 것이 그대로 폐결핵이 되고 말았습니다. 그렇게 도자마치(銅座町)의 집에서 4년간이나 투병생활을 계속하게 되었습니다.

이처럼 아버지가 채석회사를 그만두고 통합기관을 만드는 일에 1년간, 병상생활 4년을 계속하는 동안, 그 아보탄광의 조선인 인부 우두머리 마쓰야마 씨는 '유석'이라는 이름의 남자 조카를 데리고 우리 집에 자주 들렀습니다.

아버지와 마쓰야마 씨의 교류는 정말 오래되고 아름다웠습니다. 태평양 전쟁이 격렬해져도, 고야기에서 몰래 도축된 것으로 보이는 돼지고기를, 그것도 등심의 최상급 부위를 한 덩이나 가져다주었습니다. 공습이 있을 때도 찾아온 걸 보면, 나야 우두머리로서 일본인이나 헌병에게도 신용이 있었던 것 같습니다. 맛있는 것을 잔뜩 가져온 날은, "오늘 월급날이라서요!"라면서 웃었습니다. 그때 우리 가족의 영양원은 마쓰야마 씨였습니다. "모리 씨가 잘 해주셨으니 은혜를 갚는 것은 당연하다"라는 것이 마쓰야마 씨의 입버릇이었습니다.

아버지도 안쓰러워하며 양복 등을 모두 마쓰야마 씨에게 드렸습니다.

아버지가 새벽에 돌아가셨을 때, 나는 직장이던 미쓰비시전기를 쉬고 현관에서 멍하니 앉아 있었습니다. 그때 마쓰야마 씨가 유석을 데리고 고야기에서 달려왔습니다. 나는 마쓰야마 씨에게 매달려 울었습니다. 마쓰야마 씨는 현관의 시멘트 바닥을 두 손으로 두드리며, "아이고, 아이고!"라고 큰 소리로 울어주었습니다. 나는 지금도 그때 일을 생각하면 눈물이 나서 견딜 수가 없습니다. 그토록 아버지의 죽음을 슬퍼해 준 사람은 마쓰야마 씨 말고는 없으니까요.

마쓰야마 씨는 유석과 함께 우리 오빠를 도와 아버지의 장례식을 성심껏 치러 주셨습니다. 공습이 많을 때였지만, 그날은 공습이 없었던 것을 잘 기억하고 있습니다.

1946년 가을에 마쓰야마 씨는 나에게 작별인사를 하러 오셨습니다.

나는 1945년 4월에 상이군인 가와시마 카즈마(川島一馬, 1919년 3월 7일 생)와 결혼하여, 도자마치의 모리 일가를 나와 니시코지마마치(西小島町)에 신혼살림을 차렸습니다. 그걸 몰랐던 마쓰야마 씨는 처음에는 도자마치에 갔다가 다시 나의 신혼집으로 찾아왔던 겁니다. 아보탄광을 그만두고 북조선(현재 조선민주주의인민공화국)으로 돌아간다는 것이었습니다. 우리는 그때 눈물의 이별을 했습니다만, 마쓰야마 씨는 지금 어디에서 무엇을 하고 계시는지, 그렇게 마음씨 착한 조선인이었던 마쓰야마 씨. 또 추운 날도 더운 날도 "하이호, 하이호"라는 구호를 외치며 무거운 삼태기를 메고 '쇄석'을 너벅선에서 육지로 퍼 내리던 수많은 조선인 인부를 나는 영원히 잊을 수 없습니다.

오카 마사하루

### 3) 다카시마

#### (1) 다카시마와 조선인의 역사

다카시마초의 위치는 나가사키시에서 정기선(나가사키기선)으로 약 50분, 서남해상 약 14.5킬로미터. 다카시마와 하시마 두 섬에, 나카노시마(中の島)와 도비시마(飛島) 네 섬으로 이루어져 있으며 다카시마를 제외한 나머지 섬은 현재 무인도이다.

동쪽은 노모반도의 맨끝에 위치한 노모자키초와 산와초(三和町)에, 북쪽은 이오지마 초와 고야기초에 인접해 있다.

동쪽의 노모자키초에는 해상 약 4.5킬로미터, 북쪽의 이오지마초로 해상 약 6.5킬로미터 거리에 있고, 서북해상에 고토나다(五島灘)를 사이에 두고 서해국립공원인 고토열도를 바라볼 수 있다.
　면적은 다카시마 21만 5천 평(0.645평방킬로미터), 후타고지마(二子島) 5만 7천 평(0.171평방킬로미터), 동서 1킬로 45미터, 남북 1킬로 40미터이며, 해발 120미터의 곤겐산(權現山)은 본 섬의 남서쪽에 솟아 있다. 섬의 해안에서 산악으로 솟아 있고 언덕길이 많아 평지에서는 볼 수 없는 특이한 형상을 이루고 있다.
　다카시마는 아즈치(安土)·모모야마(桃山) 시대부터 에도(江戸) 시대를 통해 사가번(佐賀藩) 나베시마 가문 후카호리령에 속하여 그 지배를 받고 있었다. 1871년 번을 폐하고 현을 두는 과정을 거쳐(같은 해 11월 14일 나가사키현 탄생), 1878년 군구정촌(郡区町村) 편제법이 시행되면서 다카시마는 소속 이름이 후카호리무라 다카시마에서 니시소노기군 다카시마무라가 되었다. 1920년 10월 1일 실시된 제1회 인구조사에서 다카시마무라의 인구 8천 907명, 가구 수 1천 791가구, 가구당 4.9명(그때 일본의 총인구 7,698만 8,379명, 나가사키현 인구 13만 6,182명). 1955년 4월 1일에 다카하마무라 하시마와 합병하였다.
　다카시마는 에도시대의 나베시마 가계도에는 다카시마를 '鷹島'라고 기록하고 있으나 그 유래에 대해서는 알 수 없다. 다카시마에 사람이 정착한 것은 가마쿠라(鎌倉) 시대인 1185년에 헤이케(平家)의 낙오한 무사가 정착한 것이 처음이었다. 뒤이어 에도시대 초기 1616년경 당시 거세진 크리스천 탄압의 손을 피해 나가사키 근교의 신도가 이주해 왔다(다카시마초문화사). 1623년 나베시마 번은 곤겐산 정상에 다카시마신사를 건립하고, 1642년에는 도미(遠見) 번소를 설치했는데, 이는 나베시마 번사가 거주했기 때문이다.

  1816년경에는 가구 수 71, 사람 수 372명 규모의 부락 '모토무라(本村)'[현재의 혼마치(本町)]가 생겨났고, 1898년 인구 3,024명, 가구 수 560으로 발전했다.

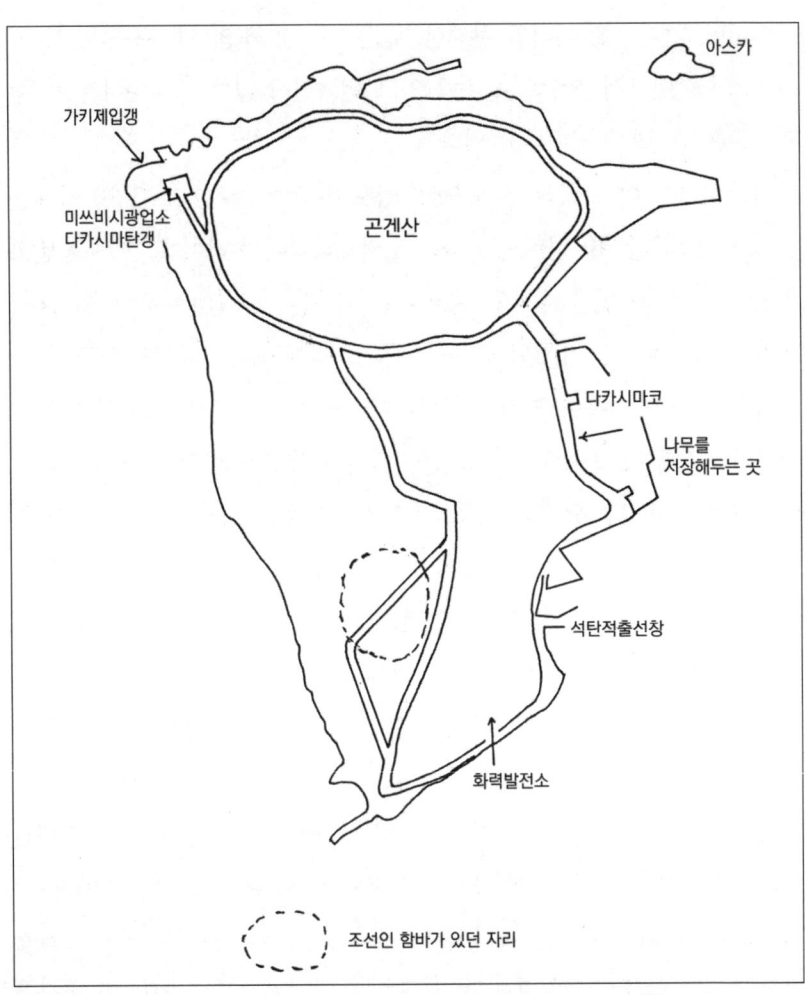

니시소노기반도와 노모반도의 서쪽에 산재해 있는 크고 작은 섬(예컨대 이오지마, 고야기지마, 다카시마, 하시마, 이케시마 등)은 니시소노 탄전이라 부르고, 고제3기 층의 석탄을 포함한 기반 지층은 니시소노기반도를 구성하고 있는 삼바가와(三波川) 변성대를 포함한 사록암질(四綠岩質)의 암석 등이며, 고제3기 층은 이들을 부정합으로 덮고 있다.

1695년 당시 영주였던 후카호리무라의 나베시마 가문을 섬기던 고헤이다(五平太)라는 자가 오랜 세월 충실히 근무한 공로로 다카시마를 지배할 권리를 부여받았다.

어느 날, 그 고헤이다가 들판에 불을 질러 잡초를 태우고 있을 때 땅에 노출되어 있던 '흑석'에 인화되었으므로, 고헤이다는 놀람과 함께 기뻐하며 이를 '불타는 돌'이라고 부르게 했는데, 다카시마 전체가 천연석탄으로 이뤄졌음이 밝혀진 것이다.

고헤이다는 한동안 채탄하여 근방의 염전이나 제조용 연료로 공급한 적이 있다. 오늘날 석탄의 별명을 '고헤이다탄(五平太炭)'이라고 부르게 된 것도 여기에서 기인했다고 한다.

석탄 채굴을 위해 후카호리 씨의 힘을 빌려 1710년경부터 사업화하여, 이마리(伊万里)·하사미(波佐見)의 제도(製陶)용 연료로 사용하였다. 1817년경 사가 번의 직할이 되고, 그 석탄은 시코쿠(四国)·주고쿠(中国) 지방 등 각지의 제염(製鹽)용 연료로 사용되었다.

1868년, 사가 번주 나베시마 나오마사(鍋島直正)는 번사(潘士) 마쓰바야시 겐조(松林源藏) 이름으로 영국 상인 토마스 글로버(1838~1911)와 합작으로 다카시마탄갱을 개발하게 하였다.

이리하여 다카시마의 탄광업이 본격적으로 시작되었다. 글로버는 상하이의 자딘 매디슨(Jardine Matheson)상회로부터 자금을 지원받아 이듬해부터 영국인 모리스를 고용하여, 일본 최초의 서양식 입갱[홋케이세이코(北渓井坑) *수직으로 파들어가는 갱도]을 파고, 1년 후인 1869년 4월 17일에 깊이 45m 지점에서 홋케이세이 수직갱도를 파서 탄층에 이르는 데 성공하였다. 이것이 일본의 서양식 설비 채탄의 시작이라고 전해진다.

[더욱이 다카시마에 있는 유일한 명소 미야자키(宮崎, 별명 고시마小島)는 글로버 씨가 섬에 왔을 때, 이곳에 20여 평의 서양풍 건물을 건축, 글로버 씨가 섬을 떠난 후에는 이를 귀빈관으로 하여 섬을 찾는 귀빈의 숙소로 사용하였다.]

1874년 외국인의 채광을 금지하는 일본갱법에 따라 다카시마탄갱은 공부성(工部省, *사회기반정비를 추진하는 관청) 광산 기숙사의 관 소유가 된다. 정부는 사무기관으로서 나가사키에 다카시마지소를 두고 설비 증설 보수에 6만 7천여 엔을 투입하고 죄수의 노동력으로 연간 7만 톤을 채굴했다. 같은 해 11월 10일 정부는 호라이샤[蓬萊社, 주재 고토 쇼지로(後藤象二郎)]에 다카시마탄갱을 팔아넘겼다. 그는 조업을 계속한다.

그러나 고토는 운전자금 대부분을 자딘 매디슨 상회로부터 빌린 차입금으로 조달하는 등 그 경영에 어려움이 많아, 1880년 다시 사실상의 경영은 호라이샤이지만 자딘 매디슨 상회와 글로버 개인에게 돌아갔다.

이윽고 호라이샤 밑에서 경영이 막바지에 달한 다카시마탄갱은, 후쿠자와 유키치(福沢諭吉)의 주선으로 1881년 오랜 고객인 미쓰비시사(이와사키 야타로)에 양도되어 미쓰비시의 소유가 되었다. 이로써 다카시마탄갱은 증기기관을 갖춘 일본 최초의 근대적 탄광으로 출범했다.

본 탄전은 제3기층으로, 그 주요 협탄층(夾炭層)은 적기층(赤崎層) 및 결정편암(結晶片岩), 섬록암(閃緑岩)으로 이루어진 기저암층보다 위에 위치하고, 그 상부인 해성층(海成層, 사암)은 고야기지마 남단에서 다카시마산에 이르러 하시마로 이어진다.

　이들 기저암층은 후타고지마 동쪽 해양에서 노모반도 서부 연안에 이른다. 주된 방향은 거의 남북이며 서쪽으로 경사져 다카시마 20도, 후타고 25도, 하시마가 30도에서 50도이다.

　1884년에 광구 양도와 불하 등으로 나카노시마·이오지마·오키노시마를, 1890년에는 하시마를 매수하여 미쓰비시는 이를 규슈지역에서의 탄광 경영의 발판으로 삼았다.

　마침내 석탄 수요는 다이쇼와 쇼와에 걸쳐 이뤄진 일본의 근대화와 함께 확장하였고, 다카시마탄갱에서도 잇달아 근대적 채탄기계를 도입하여 증산에 힘씀으로써, 기타큐슈와 간사이(関西) 방면으로 대량의 석탄을 송출하여 나가사키현에서 전국 석탄 생산량의 10%에 달하는 약 630만 톤을 캐내었다.

　그러나 1955년을 정점으로 석탄업계는 만성적 불황에 빠졌다. 에너지 혁명이 도래하면서 대규모 수요처인 전력회사가 연료를 석탄에서 석유로 전환했다. 이 석탄산업 불황의 물결은 다카시마탄갱에도 들이닥쳐 1973년에는 제1차 합리화, 1974년에는 하시마의 폐광, 그리고 1975년에는 제2차 합리화를 단행했다.

　이전에는 나가사키현에 117광의 탄갱이 있었지만, 현재 탄을 캐는 곳은 다카시마탄갱(미쓰비시광업) 한 곳에 지나지 않는다.

　다카시마탄갱은 빌드광(*서구 수준의 합리화가 이루어진 탄광)으로서 니시소노기군 탄전의 상징으로 살아남아 안정적인 조업을 이어가고 있다.

　다카시마의 석탄 생산과 노동자의 노동조건과 노동 상태는 깊은 관련이 있는데, 봉건적인 노사 관계, 즉 나야제도(*광부 등 노동자를 나야라는 합숙소에 수용하여, 청부 업자가 일상적 감시로 신분을 구속하며 반강제적으로 노동에 종사하도록 하는 전근대적 노무방식)에 의한 노동이 오래 이어졌다. 나야제도로 불리는 고용형태는 대나야(독신광부)와 소나야(세대를 가진 광부)의 나야 우두머리가 미쓰비시의 하청을 받아 노동력을 공급하고 각 광부는 나야 우두머리에게 고용되는 원시적인 착취 형태였다. 각 나야에는 전체를 관장하는 감바(勘番)가 있었고, 그물망과 같은 가불제도와 폭력적 강압이 있었다. 따라서 일단 섬에 들어가면 절대 빠져나오지 못하고 평생 얽매여 살아야 했다. 섬에서 도망가도 어김없이 잡아내어 심한 린치를 가했다. 직무별 차별의식을 강조했는데, 갱내 인부(채탄)는 갱외 인부(보안가설)보다 한 단계 낮게 취급받는 존재였다.

그러나 이 제도도 1914년경부터 1945년 패전에 이르는 시기에 폐지되고 직할 노동자화가 추진된다. 제2차 세계대전의 진행과 함께 국민징용령에 의한 징용공의 증가, '산업보국대' 전사운동 등에 의한 장시간 노동의 강제와 조선인 노동자와 중국인 포로에 대한 강제 노동 등으로 대대적 증산이 이루어지게 된다(나가사키현 편저, 『나가사키현 노동조합사 이야기』, 1972년판).

다카시마탄갱은 '다시는 돌아갈 수 없는 도깨비 섬'으로 불렸으며 그 압제에는 기타큐슈(北九州)의 '가와스지 사나이'로 통했던 지쿠호(筑豊) 방면의 거친 남자들조차 나가사키의 다카시마라고 하면 몸을 떨며 두려워했다고 한다. "땅속 불 더위가 심할 때 온도계는 120~130도. 그 갱도 안에 있는 광부의 노동시간은 12시간. 3,000명의 광부를 낮과 밤으로 나누어 낮에는 오전 4시에 갱내로 내려가 오후 6시에 나야로 돌아가고, 밤에는 오후 4시에 갱내로 내려가 다음날 오전 1시에 나야로 돌아간다. 갱내 4~8킬로 되는 막장까지 가서, 똑바로 설 수도 없는 곳에서 곡괭이·지뢰·횃불 등으로 한 덩어리, 두 덩어리 탄을 캐고 이를 대바구니에 담아

무게 3~40킬로그램 정도 되면 이를 끌거나 어깨에 메어 하나둘 증기궤도까지 운반한다. 그 고역은 그야말로 지옥이다"[요시모토 노보루(吉本襄), 『다카시마탄갱 광부 학대의 실황』].

(2) 조선인에 관한 증언

**좁은 섬에 2,000명 가까운 조선인 노무자가**

- 
- 

[ 이 름 ]    에가시라 ○○
[ 나 이 ]    55세
[ 성 별 ]    남자
[ 생 년 ]    1928년생
[ 거 주 지 ]  나가사키현 니시소노기군
[ 증 언 일 ]  1983년 3월 31일

나는 현재 미쓰비시석탄광업 주식회사 다카시마광업소의 총무과장 대리를 맡고 있으며, 이곳 다카시마초 출신입니다. 소학교 시절 동급생 중에는 조선인도 있었습니다. 1940년 3월 소학교를 졸업한 후 현립 나가사키 케이호(瓊浦)중학교(현재의 현립 나가사키니시고등학교)에 입학했는데, 다카시마·나가사키 항로의 정기 배편으로 통학했었습니다. 당시 동급생으로는 1980년 1월, 현직 나가사키 시의회 의원으로 사망한 데라모토 도오루(寺本透) 씨도 있습니다. 게이호중학교에는 각 반에 조선인이 재학하고 있었습니다. 학년은 두 반, 남자 반 하나, 여자 반 하나였는데, 각 학년에 남녀 합쳐서 조선인이 4~5명 있었습니다. 그러나 학교 내에서는 인종차별은 없었다고 생각합니다.

다카시마 미쓰비시광업소[우리는 '야마(炭坑)'라고 부릅니다]는 1881년 창업이기 때문에, 내가 어린 시절에도 '야마'는 이미 오래됐고 광부 중에는 세대를 가진 사람들이 많았던 것을 기억합니다. 광부들의, 이른바 대나야제도(大納屋制度)를 채택하고 있었습니다. 그 건물들은 목조로 만든 2층 구조였습니다. 광업소 직할의 기숙사는 센신(洗心) 기숙사라고 불렸는데, 상당히 이른 시기에 생긴 것 같은데 대략 5,600명 정도 있었습니다.

1935년경부터 큰 건물인 제1 '로쿠와(六和) 기숙사'가 완성되었기 때문에 센신 기숙사는 망했어요.

이 대나야제도는 다이쇼 시대부터 시작되어 일본 패전 전까지 유지되었습니다. 대나야는 4개 정도 있었는데, 방의 우두머리 이름을 붙여서 구로다 나야, 미시마 나야, 야마다 나야, 하치노오 나야 등으로 불렀습니다. 분명히 조선인 대나야도 하나 있었던 것 같습니다. 제2 '로쿠와 기숙사'가 만들어짐과 동시에 센신 기숙사는 완전히 망했습니다.

조선인 광부들의 대나야는 '조선인 나야'라고 불렀어요. 조선인들은 1940년 무렵까지도 이미 상당히 많이 일하고 있었지만, 1941년부터 개시된 조선 현지에서의 노무자 모집, 이어서 국민징용령에 의한 전국적인 징용으로 인해 잇달아 탄광으로 끌려왔습니다. 국민징용령으로 다수의 징용공과 노무자가 전국에서 왔는데, 멀리 홋카이도나 오사카 방면에서 온 사람도 있고, 패전 후 그대로 '야마'에 남은 사람도 많았던 것 같았습니다. 섬사람 가운데 종업원만 해서 제일 많을 때는 5,000명 이상은 있었던 것 같은데, 그중 조선인은 그 3분의 1 정도가 아니었나 생각합니다.

나는 1943년 10월 1일, 갑종 비행예과 연습생으로 가고시마 해군항공대에 입대하고, 나중에 상해(上海) 항공대와 스즈시카(鈴鹿) 항공대로 옮겨 거기에서 패전을 맞았습니다. 1945년 9월 초순 나가사키의 오하토 선착장에서 정기편으로 다카시마에 돌아왔습니다. 복원 당시 나는 해군상등비행 하사관이었습니다.

다카시마광업소가 본격적인 조업 성적을 올리는 것은 1945년 12월경부터입니다. 그것은 7월에 발전소가 미군 비행기의 폭격으로 파괴되어, 다카시마도 하시마(端島)도 '야마'가 조업을 못하게 되자 일본인 종업원들도 또 '야마'를 떠나고 남은 사람이 얼마 되지 않았기 때문입니다. 본 조업을 개시한 것은 10월경부터이고 완전 조업은 그 이후였습니다.

조선인 종업원과 노무자들은 패전 후에도 '야마'에서 일하는 것이 불안하여 귀국하고 싶다고 신청하는 사람이 많았습니다. 그래서 여러 차례에 걸쳐 배편을 만들어 부산으로 돌려보냈다고 합니다. 그 외 육로로 사세보(佐世保)시의 아이노우라(相浦) 집합지로 보낸 사람도 있습니다. 반면 그대로 귀화한 사람도 있는데 가네다(金田), 나카무라(中村) 등의 성을 썼습니다.

탄갱의 갱내는 좁은 곳이라 두 배를 쓰려고 해서 광부는 2교대 제도를 취하고 있었습니다. 조직적으로는 3교대였지만.

1940년경까지는 나야가 하나였으나, 1941년 이후 조선 현지 모집이 강화되면서 조선인 노무자 수는 급격히 늘어난 듯합니다. 조선인 노무자 중 세대를 가진 사람은 따로 탄광 종업원 주택에 살았습니다. 상당한 연배의 사람도 있었습니다. 독신인 조선인들은 젊었던 것 같습니다.

다카시마에서는 패전 당시 섬사람, 일본인 종업원과 조선인 종업원 사이에 트러블은 없었습니다. 다카시마는 오래된 '야마'인 만큼 종업원, 섬사람들도 조선인들과는 어릴 적부터 친하게 지내왔고, 분위기상으로도 사이좋은 분위기에 익숙해져 있습니다. 그래서 도중에 온 조선인들과도 잘 어울렸습니다. '특정관계' 같은 건 없었던 것 같아요.

다카시마 광업소는 1962년 12월의 화재로 사무소가 소실되고, 이어서 1982년 12월의 화재로 사무소(총무과, 경리과)가 소실, 과거 100년 창업 시절부터의 중요 서류, 각종 명부, 종업원 보험증, 그 밖의 모든 것이 재가 되어 버렸기 때문에 당시의 '조선인 종업원'에 관한 서류나 기록은 전혀 존재하지 않습니다. 조선인에 대한 것은 모두 현재 생존해 계신 분들의 증언을 수집하도록 권해드리지만, 나도 할 수 있는 한 편의를 제공하도록 하겠습니다.

오카 마사하루<br>후지이 유코

## 나는 조선인 노무자들의 현장감독이었다

- 
- 

[ 이  름 ]    도이 ○○
[ 나  이 ]    85세
[ 성  별 ]    남자
[ 생  년 ]    1897년생
[ 거 주 지 ]  나가사키현 니시소노기군
[ 증 언 일 ]  1983년 3월 31일

나는 히로시마(広島)현 다카타(高田)군 ○○ 출신인데, 본디 공부가 싫어서 집을 뛰쳐나와 열여섯 살에 다카시마탄갱을 찾아왔다.

다카시마탄갱은 일찍이 죄수 노동자가 노역하던 곳으로, 다른 현 사람들로부터 '다카시마 감옥'이라 불리며 두려움을 사고 있었다.[※"1874년 다카시마탄갱은 공부성 광산기숙사의 관 소유가 되었다. 정부는 사무기관으로서 나가사키에 다카시마지소를 두고 설비 증설 보수에 6만 7천여 엔을 투입하고 죄수의 노동력으로 연간 7만 톤을 채굴했다."『다카시마초 행정 30년의 발자취』(1978년 10월 25일 발행)] 나는 소장으로 인정받아 결국 16세부터 정년인 55세까지 이 다카시마탄갱에서 일하였다. 물론 징병 검사를 받고 육군에 징병되어 히로시마 제5사단에 입영하였다[1917년 병(兵)]. 육군에서는 "다카시마 감옥에서 온 병사"라고 하여 모두가 두려워했지만, 선행 표창을 받았기 때문에 병역은 1년 만에 마치고 나중에는 귀휴병(帰休兵)이 되어 다카시마로 돌아왔다.

다카시마탄갱이 미쓰비시 소유가 된 것은 1881년으로, 그 후 점차 커져 증산에 힘쓴 결과 기타큐슈(北九州)나 간사이(関西) 방면으로 대량 출탄하고 있었다. 1937년 중일전쟁, 1941년 대동아전쟁이 발발하자 기존의 탄광노무자 이외에 멀리 간토(関東)나 간사이(関西) 방면에서 다수의 일본인과 조선인 노무자가 왔는데, 징용공은 '근로보국대'라고 불렸다. 갱내 작업은 3교대로 증산에 힘쓰고 있었는데, 1교대 노동 시간은 8시간 내지 10시간이라는 혹독한 것이었다.

따라서 밤낮으로 도시락을 ―고구마나 보리밥 등 허술한 것이었지만― 갱내로 가지고 들어갔다. 조선인들이 거주하던 목조 건물은 '조선 나야(*헛간)'라고 불렸다.

조선인 노무자들은 조선 본토에서 모집해 온 자, 징용공으로 온 자 등 총인원수는 1만 명 정도였다고 생각하는데, 상시 3,000명에서 3,500명 정도가 거주했던 것 같다. 그들은 일을 잘했고 대우도 일본인 노무자와 차별을 두지 않았다. 나는 탄광 내 현장감독으로서 수천 명의 탄광 노무자들을 관리하고 있었다.

일본 패전 후에는 이들 조선인 노무자들은 상당 기간 그대로 섬에 있었던 것 같다.

그 후 점차 그들은 섬을 떠났고, 조선인 노무자들의 모습을 거의 볼 수 없게 된 것은 1955년 무렵이었던 것 같다.

오카 마사하루<br>
후지이 유코

## 무서웠던 다카시마탄갱의 "갱도"

- 
- 

[ 이 름 ]    갑○
[ 나 이 ]    71세
[ 성 별 ]    남자
[ 생 년 ]    1938년생
[ 거 주 지 ]  나가사키시
[ 증 언 일 ]  1983년 6월 26일

9살 때 아버지를 여의고, 1937년 25살 때 나가사키현에 왔다. 사세보에 도착한 것은 1월 8일이고 나가사키에 온 것은 7월이었다. 고야기지마의 가와나미조선소에서 일하기도 했다. 오전 7시부터 오후 9시까지 노예처럼 일하며, 하루 일급은 1엔 20전이었던 것으로 기억한다. 많은 동포가 일하고 있었다. 전쟁도 격심해졌을 무렵, 40일간의 약속으로 보국대로서 다카시마탄갱에서 일했던 적이 있다. 갱도 안쪽 깊이 들어가 일하고 있었는데, 이제 이틀만 지나면 다카시마에서 나갈 수 있다 싶던 순간, 눈앞에서 갱목이 큰 소리를 내며 떨어져 옆에서 일하고 있던 동포가 피투성이가 되어 즉사했다.

그것을 보고는 목숨이 아깝게 여겨져, 거기에 주저앉아 감독과 우두머리가 아무리 뭐라고 해도 완강히 저항하고, 거기에서 한 발짝도 움직이지 않은 채, 마침내 약속한 기한이 올 때까지 거기서 견디어 낸 적이 있다. 지금 생각해도 섬뜩하고 무서운 기억이다. 그곳 생활은 썩기 시작한 정어리나 밀기울(밀가루 찌꺼기)뿐이었는데, 중노동을 견딜 만한 식사가 정말 아니었다. 약속한 40일이 지나자, 곧바로 처자가 있는 나가사키로 돌아왔다. 나가사키에서는 시로야마(城山) 방면의 산을 허물고 그 흙을 광차와 삼태기로 운반하여 마쓰야마(松山)에 있는 옛 경륜장 등을 매립하는 작업을 했다.

오우라(大浦) 지구에는 당시에도 조선인 가족이 많아 집단적으로 거주하고 있었다. 현재의 오우라마치(大浦町) 3번지 해안거리에 있는 세이히(西彼) 주류 도소매 협동조합 건물에서 오우라마치 2번지 나가사키 모쿠소 상사부(木装商事部) 건물이 있는 곳까지 20~30세대가 살고 있었다. 1949년부터 50년경까지는 조선인이 많았는데, 그 이후로는 어디로 갔는지 찾아보기 힘들었다. 피카돈(*원폭) 때에는 기타오우라 지구의 히가시야마마치(東山町) ○○번지에 살고 있을 때 피폭되었다.

패전 후에는 조선인이면 누구나 그렇듯이 갖가지 암거래를 했다. 암거래로 구매한 정체 모를 알코올로 술을 만들어 당시 가이세이(海星)학교

위쪽에 진주해 있던 미군에게 그 술을 팔고 다녔는데, 재팬 위스키라며 좋아들 했지만, 무서웠다.

오카 마사하루

### 4) 하시마(군함도)

#### (1) 하시마의 역사와 조선인

다카시마의 서남쪽, 거칠고 성난 파도를 넘어 바로 코앞에 온 섬이 빌딩으로 이뤄진 이상한 '군함도' 즉 하시마가 가로놓여 있다.

하시마는 면적 0.1평방킬로미터, 둘레 1.2킬로미터, 동서 0.16킬로미터, 남북 0.48킬로미터의 작은 섬으로 최고 40미터 정도의 해발고도를 가진 고제3기층의 암초지에 높이 10미터 남짓의 견고한 방파제로 둘러싸여 있다. 옛 전함 '도사(土佐)'를 닮았다고 해서 '군함도'라 불린다. 행정적으로는 다카시마초에 속하지만, 그 다카시마까지 해상 약 5킬로미터, 동쪽의 노모사키초 다카하마까지는 해상 약 4킬로미터의 거리에 있다.

하시마탄갱의 연혁을 보면 발견 연대는 알 수 없으나 1883년 후카호리 영주 나베시마 씨가 제1수직갱도(이미 폐광)의 굴착 및 창업에 착수했다. 하시마에서 석탄을 발견한 것은 다카시마탄갱보다 약 90년 늦은 1810년경이었다고 한다. 1870년경부터 노출탄전을 대상으로 채굴이 개시되었다. 1883년 사가 번 후카호리 영주 나베시마 마고로쿠로(鍋島孫六郎)가 소유하게 되면서 근대적 채굴 사업에 착수했다.

이웃 섬 다카시마에서는 1868년에 사가 번주 나베시마 칸소(閑叟)와 영국인 T·B·글로버의 공동사업으로 일본 최초의 서양식 채탄 사업이 시작되었는데, 하시마의 개발은 그 연장선상에 위치한 것이라 할 수 있다.

미쓰비시사(이와사키 야타로)는 1881년에 다카시마탄갱을 소유하게 되는데, 1890년 9월 11일에 이 하시마를 10만 엔에 인수하였다. 1895년, 미쓰비시는 심층부 개발에 착수해 당시로서는 경이로운 깊이 199미터의 제2수직갱도를 만드는 데 성공했다. 1898년에는 제3수직갱도가 완성된다(이것은 1949년의 시점에서 이미 폐광되었다).

1925년에는 제4수직갱도가 완성된다(354미터). 그리고 1936년, 제2수직갱도를 개수 및 연장하는 공사가 완성된다(616미터).

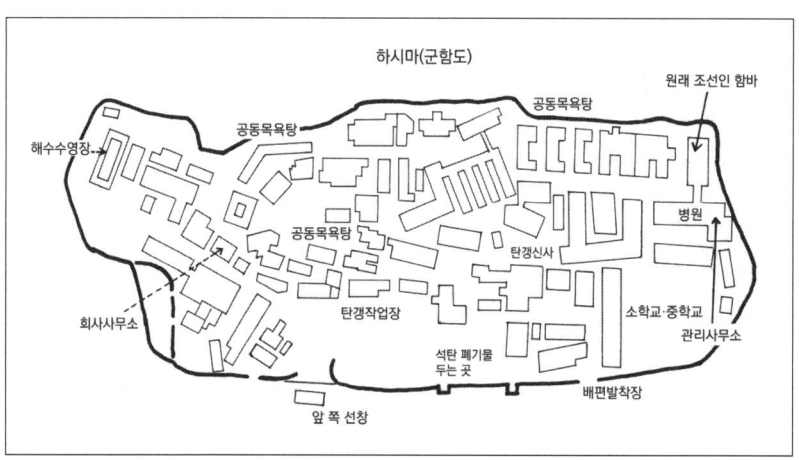

섬의 동남쪽 매립지는 제2, 제3수직갱도를 중심으로 주로 기업의 사업용지였고, 북부는 주택과 복리후생시설 지구가 되었다. 이처럼 섬은 메이지기 이래 무인도에 불과했던 당시의 약 2.8배가 되었다.

마침내 다이쇼와 쇼와를 거치며 일본이 근대화됨에 따라 증대하는 석탄의 수요에 부응하기 위해 하시마탄갱은 근대적 채탄기계를 도입하여 증산에 힘썼다. 탄질은 강점결탄(强點結炭)으로 양질의 원료탄이었다.

섬 안에 거주하는 근로자 수는 채굴 사업의 확대와 더불어 증가일로에 있었다. 즉, 섬 내 거주인구는 메이지기에 이미 2,700~2,800명에 달했고, 그 후 최대 성수기인 1945년에는 5,300명이 되었다(폐광 직전인 1973년 12월에도 인구는 2,200명이나 되었다).

이윽고 1945년 패전을 맞았다.

1953년 9월에는 정촌(町村)합병촉진법이 제정되어 나가사키현의 현정촌합병촉진심의회는 적극적으로 활동한 결과, 다카시마초는 당시의 다카하마무라(현재의 노모사키초) 구역에 속하는 하시마와의 합병을 추진하였다. 다카시마와 하시마 모두 미쓰비시광업소의 조업상 편의를 이유로 합병이 요구됐지만, 다카하마무라는 석탄의 보고이자 달러 박스인 하시마를 간단히 내주는 것에 극렬히 반대했다. 이 대립을 둘러싸고 무려 100회 이상의 합병협의회가 열렸고, 결국 하시마를 다카시마초에 넘기는 형태로 결론이 났다. 1955년 4월 1일에 '다카하마무라 하시마'는 '다카시마초 하시마'가 되어 합계 면적 1.24평방킬로미터, 당시 인구 1만 6,904명의 인구 밀도 일본 최고의 마을인 다카시마초가 탄생했다.

그러나 1955년을 정점으로 석탄업계는 만성적 불황에 빠졌다. 기존의 대규모 수요처인 전력회사가 연료를 석탄에서 석유로 전환한, 이른바 에너지 혁명이 일어났다. 이 석탄산업 불황의 물결은 1974년 1월 15일 하시마탄광의 폐광으로 이어졌다. 이 하시마탄광의 폐광, 종업원 주택의 무인화는 다카시마초 주민들에게 비통함을 남겼다. 이윽고 하시마탄광의 종업원은 사방으로 흩어지고, 현재 하시마는 완전한 무인도가 되었다. 배편은 나가사키시의 오하토 선창에서 오랫동안 정들었던 유가오마루(夕顔丸)

가 하루 세 번 왕복하던 시절도 있었지만 —그것도 바람만 좀 세게 불어도 결항하기 일쑤였던— 이것도 하시마로 가는 오래된 역사였다. 그러나 1974년 폐광 이래 다카하마의 노노구시(野々串)항에서 오가는, 낚시객을 위한 작은 배만이 유일한 교통수단이 되고 말았다.

하시마의 명물은 뭐니 뭐니해도 섬 전체에 수풀처럼 우뚝 솟은 7층, 9층, 10층의 빌딩일 것이다.

과거 쇼치쿠(松竹)영화 〈초록 없는 섬(綠なき島)〉에서 소개되면서 일약 유명해진 이 섬은 말 그대로 초록이 없는 군함도다. '하시마의 명물, 여러 가지가지'라는 노래 한 구절에 "하시마 명물 여러 가지가지가 있는데, 9층 사택에 저 검은 다이아몬드, 셋째 살랑살랑 바다 폭포"라는 것이 있지만, 바다가 한번 거칠어지면 성난 파도가 암벽에 부서져 순식간에 섬이 보이지 않을 정도라고 한다. '살랑살랑' 정도일 리가 없다. 양동이로 물을 퍼붓듯이 9층 빌딩에 바닷물이 철썩하고 부딪친다는 것은 결코 과장이 아님을 현지에 가 본 사람이라면 누구나 통감하는 바이다. 노동자의 주거는 당초 목조 3, 4층짜리 나야였던 것이 철근 콘크리트의 중고층 주택으로 바뀌어 7층, 9층의 건물들이 속속 증축 혹은 신축되어 갔다. 이들 주택의 아래층 부분은 거의 빛이 들지 않고 습기도 심해서 주거지로는 최악인데 반해, 상층부와 섬 중앙의 고지대 부분은 조망도 좋고 일조도 양호하여 거주하기에 최적이었다.

따라서 높은 부분에 직원계층, 낮은 부분에 광부계층, 최하층에는 하청노동자층이나 조선인 노동자들을 거주하게 했다.

이 하시마에서의 조선인과 중국인 노동자들의 생활은 감옥 생활이나 다를 바 없었고, '지옥도'로 불렸던 연유는 조선인 노무자 및 관계자들의 증언에 귀 기울이면 명백해진다.

하시마의 혹독한 강제연행 및 강제노동의 증언은 적었지만, 노예노동을 체험한 증인들이 지금도 곳곳에 많이 남아 과거에 당한 학대와 슬픔, 원망, 괴로움을 가슴에 품고 힘든 나날을 보내고 있을 것이 분명하다. 우리와 하시마를 방문한 서○○ 씨의 증언은 가슴 뭉클했고, 지금은 확연히 변해버린 '현장'(폐허)은 말없이 일본의 아시아 침략의 역사를 고백하고 있었다.

(2) 조선인에 관한 증언

**"감옥섬" 하시마탄갱으로 연행되어**

•
•

[ 이 름 ]   서○○
[ 나 이 ]   54세
[ 성 별 ]   남자
[ 생 년 ]   1928년생
[ 거 주 지 ]   나가사키시
[ 증 언 일 ]   1983년 7월 3일 및 7월 9일(하시마에서)

나는 경상남도 의령군 의령면 소농의 집에서 장남으로 태어났는데, 1932, 33년경에 부모님이 나를 두고 나고야(名古屋)로 갔기 때문에 할아버지가 키워주셨습니다. 할아버지는 학식이 있는 분으로, 가정교사처럼 나에게 공부를 가르쳐 주셨습니다. 재산은 있었지만, 큰아버지 즉 아버지의 형이 허비해서 탕진했고 할아버지는 제가 7, 8세 때 실의 속에 세상을 떠났습니다. 하지만 저를 당신의 동생, 그러니까 작은할아버지에게 맡겼기 때문에 할아버지가 돌아가신 후 나는 그 댁에서 허드렛일을 하는 나날을 보냈습니다. 산에 나무를 하러 가거나 아침에 소를 끌고 집을 나서면, 점심은 먹지 못하고 저녁에 들어오는 나날이었습니다. 소 꼴을 베는 일도 10살도 안 된 저에게는 고된 일이었습니다. 쌀은 공출 또 공출로, 조선과 일본의 결탁한 경찰의 눈이 엄중해서 맛있기로 유명한 그 조선 쌀은 모두 공출되고, 우리는 보리와 메밀가루만 먹고 살았습니다. 비행기 기름으로 쓴다고 송진도 채취해 오라고 했어요. 할당량이 있어서 소나무를 파가면서 열심히 땄어요.

작은할아버지는 몸이 약해서 일을 충분히 못 하니까, 내가 자랄수록 나를 의지하시게 되었습니다. 내가 열일곱 살이 되면 결혼을 시키겠다고 하셨지요. 그런데 잊을 수가 없어요, 14살 때였습니다. 면사무소에서 빨간 징용 통지서가 나와서 일본으로 연행된 겁니다. 징용이라고 하지만 정말 갑작스러운 강제였고, 닥치는 대로 강제연행하는 거나 진배없었어요. 아시다시피 '열네 살' 하면 지금으로 치면 중학교 2학년입니다. 작은할아버지는 일손이 없어지니까 강력히 반대했지만, 상대방은 막무가내였습니다. 우리 마을에서는 2명이었는데, 강제로 트럭에 실려 시청에 도착하고 보니까 열네다섯 살에서 스무 살 정도의 청년이 몇천 명이나 모여 있었습니다. 여관에서 하룻밤 자고 다음 날 아침, 트럭 여러 대에 실려 나가사키에서 이사하야(諫早) 정도의 거리를 달려간 곳에서 기차를 타고 부산으로 가더군요. 거기서 연락선을 타고 시모노세키(下関)에 도착했고 다시 야간열차를 타고 아침에 나가사키에 도착했어요. 그때 거기 끌려온 사람이 300명 정도였는데, 그 전원이 오하토에서 종착지인 하시마로 보내졌던 겁니다.

나는 나고야의 부모님뿐만 아니라 사세보에도 친척이 있었기 때문에,

일본 어디로 가든 기회를 봐서 도망칠 생각이었습니다. 그런데 하시마에 도착한 순간 그 희망은 완전히 사라지고 말았습니다.

노노구시 방면에서 바라본 하시마 전경

보시다시피 섬은 높은 콘크리트 절벽에 둘러싸여 있습니다. 보이는 것은 바다, 바다뿐이잖아요. 이런 작은 섬에 9층짜리 고층빌딩이 빽빽해요. 놀랐습니다. 이곳은 갱구가 섬의 반대편 끝에 있는데 이 고층 아파트들은 당시부터 있었습니다. 우리 조선인들은 이 모퉁이, 구석에 있는 2층과 4층짜리 건물에 수용되었습니다. 한 사람이 다다미 한 장도 차지하지 못하는 좁은 방에 7, 8명이 함께 있었습니다. 겉보기에는 모르타르와 철근이지만 건물 안은 너덜너덜했습니다. 내가 수용됐던 방은 여기에요. 이 방 번호 B102라고 된 이 방입니다. 지금 보니 전후에는 탄광 진료소의 병실이 되었군요. 그것도 지금은 폐허로…. 우리는 쌀자루 같은 옷을 배급받아 도착한 다음 날부터 작업에 투입되었습니다. 일본도를 찬 자와 안 찬 자가 이것저것 명령했습니다.

앞쪽 부두로 상륙한 곳에 있는 '지옥문'

이 바다 아래가 탄광입니다. 엘리베이터로 수직갱도를 땅속 깊이 내려가면, 아래는 석탄이 쉼 없이 운반되어 나가니까 넓지만, 굴착장으로 들어가면 엎드려서 팔 수밖에 없을 정도로 좁아서 덥고 숨이 차 괴로워요. 피로한 나머지 졸리고, 가스도 쌓이는 데다가 한쪽에서는 낙반 위험도 있으니, 이대로는 살아 돌아갈 수 없겠구나 싶었습니다. 낙반으로 한 달에 네댓 명은 죽었을 거예요. 지금처럼 안전을 생각하는 탄광이 전혀 아니었거든요. 죽은 사람은 하시마 옆 나카노시마(中ノ島)에서 화장했습니다.

지금도 그때의 화장터가 남아 있을 겁니다. 이런 중노동에 식사는 콩깻묵 80%와 현미 20%인 밥과 정어리를 통째로 삶아 으깬 것이 반찬인데, 나는 매일 같이 설사를 하는 통에 건강이 급속히 쇠약해졌어요. 그래도 일을 쉬려고 하면 감독이 와서, 저기 진료소가 당시에는 관리사무소였는데, 그쪽으로 끌고 가 린치를 당했습니다. 아무리 아파도 "네, 일하러 가겠습니다!"라고 할 때까지 맞았어요. "누구 맘대로!"라는 소리를 몇 번이나 들었는지 모릅니다. 하시마의 길은 이 길 하나뿐입니다. 이 한 길을 매일 오가면서, 제방 위에 서서 멀리 조선을 바라보며 바다에 뛰어들어 꽉 죽어버릴까 하는 생각을 몇 번이나 했는지 모릅니다. 어떻습니까, 이 하얗게 부서지는 파도, 그 무렵과 조금도 다르지 않습니다. 동료 중에 자살한 사람, 다카하마로 헤엄쳐 도망치려다 물에 빠져 죽은 사람 등이 4, 50명은 될 겁니다. 난 수영을 못해요. 그런데 운이 좋았는지, 5개월 후에 나는 나가사키시에 있는 미쓰비시의 사이와이마치(幸町) 기숙사로 이동 명령을 받고 섬을 벗어날 수 있게 되었습니다. 그대로 남아 있었다면 정말 살아 있지 못했을 거예요. 섬에 있었던 동포 수는 우리보다 앞서 200명 정도가 와있었으니까, 합하면 500~600명은 됐을 겁니다. 상하 각 5개 실이 있는 2층 건물 1개 동과, 각 층에 5개 혹은 6개 실이 있는 4층 건물 4개 동에 꽉꽉 들어찼습니다. 그 동포들을 생각하면 지금도 가슴이 먹먹해집니다. 군함도라고들 하지만, 내 입장에서는 절대로 도망칠 수 없는 '감옥도'입니다.

기존 조선인 숙사에 인접한 사무소(그 후 진료소가 됨) 안에 선 서 씨

    나가사키 육지로 온 나는, 이번에야말로 도망칠 수 있다고 생각하니 기뻐서 어쩔 줄 모르겠더라고요. 내가 했던 일은 가시메를 치는 중노동(*기구 등의 이음매를 공구로 단단히 죄는 일)이었는데, 식사는 하시마와는 전혀 달랐어요. 흰 쌀밥에 말고기, 고래고기도 나왔습니다. 하지만 아침 7시 반쯤 일렬로 줄을 서서 사이와이마치 기숙사에서 조선소로 향하는 도중에는, 전후좌우로 헌병이 붙어 서서 열을 벗어나는 사람은 가차 없이 발로 찼습니다. 담으로 둘러싸인 기숙사 안은 감시가 빙글빙글 돌고 있어서 도저히 도망칠 수 있는 상태가 아니었습니다. 그 점을 제외하면, 옆 벽 돌집 기숙사에는 외국인 포로가 있었는데 말이 통하지 않아 이야기는 못했지만, 어딘지 모르게 마음이 통하는 것이 있었고, 또 동료도 대략 같은 나이여서 직접 만든 화투를 치거나 목욕탕에서 한바탕 소란을 피우고 하

면 재밌기도 했어요. 목욕 당번과 식사 당번을 정해 서로 도왔습니다. 지금도 생각이 많이 납니다. 하지만 가시메 치기는 정말 힘든 일입니다. 겨울에는 그나마 버틸 수 있는데, 불을 사용하는 일이라 여름에는 정말 견딜 수 없는 노동입니다. 동료들 사이에는 마침내 식욕이 없어지고 쇠약해져 영양실조로 다케노쿠보(竹の久保) 병원에 입원한 사람과 거기서 사망한 사람도 많았습니다. 글쎄요, 80명 정도는 입원했을 것입니다. 직장에서는 쉬는 시간에는 언덕 위에서 체조를 하는데, NHK 체조 같은 것인데 이걸 틀리면 또 때리고 걷어차는 린치를 당했습니다. 일은 고되고, 젊을 때라 자고 싶은 마음은 굴뚝같았지만, 점점 공습이 심해지고 소이탄과 사이렌이 반복되는데, 그때마다 방공호를 들락날락해야 하는 거예요. 그냥도 졸린데 두드려 깨우니 얼마나 화가 나던지요. '도망치자, 도망치자'라고 줄곧 생각만 하고 이루지 못하는 사이에 이윽고 8월 9일을 맞았습니다. 아버지는 49세에 돌아가셨는데, 당시 기숙사를 한번 찾아오신 적이 있습니다. 그때 만약 도망치게 된다면 우선 사세보의 친척에게 갔다가 거기에서 나고야로 오라고 서로 이야기한 적이 있습니다.

그날 8월 9일, 나는 운 좋게 출근하는 날이었고, 아쿠노우라(飽の浦)의 조선소에서 피폭을 당했습니다만, 만약 교대해서 기숙사 안에 있었다면 당연히 피폭사했을 겁니다. 300명 중 100명은 교대로 쉬고 있었습니다. B29라는 큰 비행기가 날아와 '번쩍' 빛나는가 싶더니 엄청난 폭음이 들렸어요. 나는 엄지발가락에 철판이 떨어져서 다쳤어요. 나중에 수술을 했는데, 지금도 흉터가 있어요. 유리가 깨지고 판잣집은 무너지고 여기저기서 불길과 연기가 치솟았어요. 남은 것은 제대로 된 튼튼한 집뿐이었습니다. 우리는 강제연행자가 들어가 있던 기바치 기숙사(木鉢寮)로 가라고 해서 거기서 사나흘을 머물렀어요. 그리고서 오하시, 스미요시(住吉) 방면의 도

로를 정리하라는 명령을 받고, 보기에도 끔찍한 시체와 건물의 잔해를 처리했습니다. 자세히 안 보면 개인지 돼지인지 말인지 분간이 안 될 지경이었습니다. 연기가 피어오르고, 사람과 동물의 사체가 썩는 냄새가 진동했습니다. 불에 타 끔찍한 몰골의 전철 안에 시커멓게 타버린 시체가 구르고 있었습니다.

8월 15일, 천황의 육성이 방송되고 난 후 우리는 겨우 자유의 몸이 됐습니다. 동료들은 하나둘 배를 타고 귀국길에 올랐지요. 저도 남(南) 씨라는 함바 우두머리였던 사람에게 가자는 권유를 받았지만, 작은할아버지는 이미 돌아가셨고 부모님은 나고야에 계시니 거절했습니다. 다리 밑에서 자기도 하고 사나흘씩 식사를 못할 때도 있었는데, 그 사이에 토목 공사 함바를 가지고 있던 야스다(安田) 씨라는 동포 밑에서 일하게 되었는데, 그도 2년 전에 귀국해서 지금은 일본에 없습니다. 야스다 씨의 부인은 일본인이었습니다. 1947, 8년경에는 하마노마치(浜の町)에 있던 암시장에서 일본인이 가져온 물건을 팔아서 겨우 생활을 꾸렸습니다. 그 당시에는 의지할 데 없는 복원 병사들이 어슬렁거렸고 온통 백수 천지였습니다. 비행복과 군화도 팔겠다고 곧잘 내놨습니다. 그 후 수레 하나 가지고 밑천을 마련해 고쿠라(小倉)에 가서 양복점을 낼 정도가 되었지만, 고용한 일본인 점원에게 속아 무일푼이 돼버렸어요. 어쩔 수 없이 다시 나가사키로 돌아와 아바(網場)에 있는 마스모토(桝本) 씨, 본명은 박 씨나 이 씨였던 거 같은데, 그에게 신세를 졌습니다.

내가 지금과 같은 몸이 된 것은 탄광과 조선소에서의 강제 노동, 그리고 원폭을 맞았기 때문인데, 마스모토 씨 댁을 나와 다시 혼고치(本河內)의 야스다 씨 집에 있을 때, 기침과 함께 세면기 절반이나 되는 다량의 피를 토했습니다. 그것이 최초의 객혈이었어요. 나는 고생도 충분히 했고,

특히 하시마에서 지냈던 날들을 생각하면 웬만한 것은 참을 수 있는 인간입니다. 하지만 객혈만큼 괴로운 것은 없습니다. 야스다 씨 부인이 병원에 가보라고 하는데 싫다고 하자, 아이한테 전염되니 나가달라고 하는 거예요. 그래서 어쩔 수 없이 지금의 신와(親和)은행 본점에 있던 보건소에 갔더니, 즉시 입원하라고 하더군요. 그렇게 해서 마치다(町田)병원에 입원하게 되었습니다. 그것이 반복되는 입퇴원의 시작이었습니다. 야스다 씨 부인은 깔고 덮는 얇은 이불 한 채를 준비해 주었고, 담배를 사다 주기도 하고 아이를 업고 면회를 와 주기도 했는데, 물품이 부족하던 시절이었던만큼 지금도 그 친절은 잊을 수 없습니다. 객혈은 반년 만에 멈췄습니다. 그때 같이 입원했던 사람들은 모두 죽었습니다. 나는 생활보호를 받았습니다. 하지만 쌀 1되에 150엔 하던 시절에 월 1,200엔으로는 부족하여 고물상이나 바를 경영하던 동포에게 돈을 얻어서 복지사무소에서 파견 나오는 간병인 아주머니에게 주었습니다. 지금이라면 생활보호로 최저 생활은 할 수 있지만 당시에는 무리였거든요.

그로부터 31년간, 나는 끝내 건강한 몸을 회복하지 못하고 오무라(大村), 아타고(愛宕), 도보(東望), 스미요시(住吉), 고에바루(小江原)로 요양원을 전전하다가 13년 전 아침에, 일어나면 머리맡에 눈이 쌓인 듯 구멍이 숭숭 난 요양소를 도망쳐 나와, 이후 지금까지 통원 생활을 계속하고 있습니다. 그 마지막 도망은 모포 한 장으로 견뎌야 하는 추위에다가, 산책을 좋아하는 나에게 외출도 허락하지 않는 속박 속에서 어쩔 수 없이 결행했던 겁니다. 어차피 입퇴원하는 나날이라 포기하고 있었는데, 병원에서 일본인 환자들에게 차별받고 따돌림당하는 것은 견딜 수 없더라고요. 나도 지고는 못 사는 사람이라, "조선인이 잠꼬대를 한다!"라고 하면 "쓸데없는 참견 마라!"라고 항의했고, 때로는 서로 치고받고 싸우기도 했

어요. 병원 선생님이 말리러 들어와서, 서 씨는 친절하고 성실하다면서 일본인에게 주의를 주면, 그 사람은 조선인 편을 든다고 선생님에게 대들었죠. 또 1년이나 누워있으니 운동부족으로 위궤양이 생겨 앙상해진 적도 있었습니다. 옛날부터 걷는 것을 좋아하는 나로서는 외출을 금지하는 긴 입원 생활은 몹시 힘들었습니다. 퇴원하고 4조 반 크기의 방에 세 들어 살면서 영양도 제대로 못 챙기고 사니 몸은 또 나빠졌지요. 지금은 통원하고 있는데요, 숨이 가쁘다고 하면 의사는 "당신의 폐는 어쩔 수 없다. 무리하지 말고 조절하면서 살아야 한다"라고 할 뿐입니다. 의사도 그렇게 말할 수밖에 없을지 모르지만요. 조선인 피폭자 기록영화 〈세계인에게(世界の人へ)〉를 만든 모리 젠키치(盛善吉) 감독과 함께 진료소에 갔을 때, 의사가 나의 폐 엑스레이 사진을 보면서 "폐가 없다"라고 말할 때마다 모리 감독이 두 번, 세 번 돌아보고는 가만히 내 얼굴을 들여다보던 것이 기억납니다.

 열일곱 살만 되면 결혼시킨다고 하셨던 작은할아버지의 말을 떠올리면서도, 나는 이미 결혼을 포기하고 있었습니다. 그런데 8년 전 병원에서 만난 일본인 여성과 결혼해서 아이도 태어났어요. 이제 겨우 소학교 1학년 쌍둥이입니다. 결혼이라고 말했지만, 사실은 호적상 결혼을 한 건 아닙니다. 아이들은 나를 "아버지, 아버지!"라고 부르며 잘 따르지만, 호적은 아내 호적에 올라가 있어요. 왜 그런지 아시겠죠? 학교에 가면 '조선인 아이'라고 따돌림당할 게 뻔합니다. 2세, 3세는 말투가 이상하지 않지만, 나처럼 열네 살까지 조선에서 자란 사람은 아무래도 일본어가 이상하거든요. 그러니 금방 조선인이란 것을 알아채니, 집을 구할 때도 얼마나 고생했는지 몰라요. 학교에서 놀림을 당해서 자살한 아이도 있지 않습니까. "강해져라, 괴롭히면 너도 되돌려줘라!"라고 하지요. 그 말만 합니다. 일본인 중에는 이해심 깊은 사람이 있다는 거 압니다. 그래도 솔직히 말해서 보통 일본인들은 굉장히 나쁜 사람들이에요. 정말이에요. 나는 항상 응수해 주지만, 가끔은 이런 바보 같은 놈하고 말해봤자 똑같은 인간밖에 안 된다 싶어 말 때도 있습니다. 혁신당이라고 해서 차별하지 않는 것도 아닙니다. "조선인은 조선으로 돌아가라, 일본에 있으면 큰 민폐"라고 하는 일본인을 감싸고, 나를 폭력적으로 위협했던 혁신당 의원도 있습니다. 쓰리고 쓰린 체험입니다. 내가 좋아서 일본에 온 것이 아닙니다. 앞으로 석 달 후면 쉰다섯 살이 되는데, 애들은 소학교 1학년입니다. 결혼도 못 하고 병은 고칠 수 없다고 하고, 결핵이라고 보건소가 바득바득 우겨서 아이들을 시설에 맡겨둔 상태입니다. 하다못해 가까운 시설이면 자주 면회라도 갈 수 있을 텐데, 중앙 아동 상담소에 상담해도 쌍둥이라서 안 된다고 억지소리를 하면서 먼 시설에서 가까운 시설로 옮겨주지도 않습니다. 지금 시설은 아침에 나가면 밤이나 되어야 돌아올 수 있는, 교통편도 나쁜 데다 돈도 한 번 가면 5~6천 엔이나 들어요. 나한테는 "아빠, 우리 보러 오세요"라는 아이들 말만이 구원입니다.

차별에 대해서도 할 이야기가 참 많은데, 이런 것들은 모두 일본 정부의 책임이라고 생각합니다. 조선을 식민지로 하고 우리를 강제연행했어요. 게다가 원폭까지 맞게 했던 과거를 반성하지 않을 뿐 아니라, 그것을 잘 알고 있는 정부와 행정이 왜 나서서 일본인에게 알리고 차별을 없애도록 노력하지 않는가? 가까운 조선인에게 친절하게 하라고 왜 말하지 않는가? 항의하고 싶은 마음이 굴뚝같아요. 아무것도 해 주지 않아도 좋다, 그저 차별만은 하지 말아 달라고 외치고 싶습니다. 관동대지진 때 악질적인 유언비어와 조선인학살에 대해서도 얼마만큼 반성하고 있습니까?

일본은 세계 제2위의 경제력이라고 하지만, 종전 후에는 그토록 가난하지 않았습니까? 나름대로 평화로웠기 때문에 번창했다고 생각합니다. 전쟁이 나면 일부 사람은 돈을 더 벌어도 모든 것이 끝장입니다. 슈퍼에 가 보세요, 없는 게 없어요. 옛날에는 단지 고구마밖에 없고, 겨나 밀가루밖에 없었어요. 나는 건강은 해쳤지만, 차별이 없는 사회, 평화로운 사회를 위해 죽을 때까지 운동할 겁니다.

다카자네 야스노리
오카 마사하루
후지이 유코

폐허가 된 갱도 입구

## 일문일답 '군함도'

### : 종전임을 알고 환성—차별받던 조선인, 중국인—

- 
- 

1973년 10월 25일자, 아사히신문 나가사키판

"1943년이었던가, 중국인이 포로라는 명목으로 온 것은? 240명 정도였지.(*미쓰비시 광업이 외무성에 제출한 보고서에 따르면 정확하게는 204명으로 판명되었음)

옛날 큰 나야 건물을 숙사로 하고 그 일대를 철조망으로 둘러쳐서 말이지. 방위대(재향군인을 주체로 편성)가 총을 들고 주위를 경계하였지.

조선인도 '근로봉사대'라고 해서 500명 정도 왔어. 나도 조선에 모집하러 갔었거든. 조선총독부에서 세 마을 정도를 할당받아 한 마을에서 40, 50명을 뽑았어. 그게 강제였지.

인솔 도중에 관부연락선 선착장에서 혼잡한 틈을 타서 숨거나 열차에서 뛰어내려 도망치기도 했지. 우리는 셋뿐이라, 쫓아갔다가는 또 다른 사람이 도망갈 거 아닌가. 내지로 가는 도항 증명은 우리가 일괄 보관하고 있으니깐, 경찰이나 헌병대에 연락해 두면 나중에 잡히지.

조선인에게는 일본인과 같은 임금을 주고 자유롭게 지내게 했지. 가족을 불러들인 사람도 있었어. 그래도 섬 밖으로는 못 나가게 했어."

코사코 ○○ 씨(56세). 1939년 입사. 외근계. 1954년에 퇴직,
지금 니시소노기군 ○○ 어협 조합장

"중국인이 두 명, 갱내에서 담당자를 삽으로 때린 사건이 있었어요. 두 사람을 홋카이도로 호송했는데, 담당자가 나빴던 거지. 중국인하고 조선인은 평소 차별받았거든. 자급용인 소나 염소를 잡아도 머리랑 뼈밖에는 안 줬거든.

전쟁 중 탄광이 얼마나 엄격했는지, 군대 같은 건 비교도 안 됐지. 헤엄쳐 도망가려다 물에 빠져 죽는 경우가 한 해에 너댓 명 있었어. 외근계는 말하자면 탄광의 사설경찰이나 마찬가지였어. 말을 안 들으면 전부 외근 본부로 끌고 갔지. 하지만 조선인이라고 더 때리거나 하는 일은 없었어. 중국인은 안 때렸어. 폭동이 무서우니까. 중국인들은 얌전했어. 탄갱에서 올라오는 것이 늦어져도 불평하지 않고, 쉬는 시간에는 고리 던지기를 하든가, 대나무 세공 같은 걸 했지. 참 대단한 녀석도 있었는데, '언젠가 돌아갈 수 있다. 일본은 반드시 우리에게 진다'라고 말했지."

"종전은 8월 15일 밤 8시인가 9시쯤 외근 본부로 전화로 알려왔지. 모두에게 알려서는 안 된다고 하면서. 우리들이 홧김에 술을 마시고 있는데, 다카시마에서 회사 배가 오더니 중국인과 조선인 담당 직원을 그날 밤 중에 하시마에서 피난을 시키더라고. 우리가 우왕좌왕하니까 중국인도 눈치를 챈 모양이더군. 한목소리로 '만세, 만세'하고 한밤중까지 함성이 울려 퍼졌어.

나도 다음 배로 섬을 나와 벳푸(別府) 휴양소에 한 달 반 정도 있었지. 그 사이에 중국인과 조선인도 돌려보냈다고 하더군. 다른 탄광에서는 조선인들이 난동을 부리기도 했지만, 하시마만은 배가 떠날 때 '사요나라, 사요나라'라면서 손을 흔들었다고 해."

## 아아, 군함도―탈주미수는 반죽음으로―

- 
- 

1974년 5월 17일자, 아사히저널, 도요타 겐(豊田健)

패전되던 해에 이 섬에 들어와서, 폐광(1974년 1월 15일, 4월 20일에 무인도화) 당시의 하시마 노조 서기장이었던 다다 지히로(多田智博) 씨는 노조 해산 기념지 『군함도』에 "…어차피 사내대장부가 한 번 살 바에는 오히려 이 서쪽 끝 작은 섬이 앞으로의 인생을 개척하기 위해 가장 적합한 시험대처럼 여겨졌습니다. 하지만 기숙사의 방에 들어가 그곳에 시커멓게 적힌 '두 번 다시 오지 않겠다. 지독한 도깨비섬'이라는 낙서를 보았을 때 달콤한 감상 따윈 오간 데 없이 사라지고, 거기에서 먼저 살았던 사람들의 고통과 슬픔을 보는 것만 같았습니다"라고 적고 있다.

다카하마에서 뱃사공을 하다 나중에 하시마탄광에 정식으로 고용된 뱃사공 야마구치 쓰요지(山口津代次, 78세) 씨도 어렸을 때, 장난치다 들키면 어머니가 "저 섬에 갖다줘버린다!"라고 겁을 주었다. 선착장이 지금처럼 규모가 크지 않아 큰 배가 직접 옆에 닿을 수 없으니, 좀 떨어진 바다 위에 정박해 있는 배와 섬 사이를 작은 배를 조종하여 사람과 짐을 운반하는 것이 그의 일이었다.

폭풍이 칠 것 같을 때는 작은 배는 멀리 바다 위에서 닻을 내린다. 안벽에 연결해 두면 배가 부서지기 때문이다. 그러나 폭풍이 칠 때라도 배를 내라는 명령이 떨어지면, 뱃사공은 바다로 뛰어들어 배까지 헤엄쳐 가서 배를 안벽으로 가져와야 한다. 목숨을 걸어야 하는 일이었다. 한겨울의 거친 바다, '이렇게까지 힘든 일을 하지 않고는 어째서 먹고 살 수 없는

가?'라는 생각을 얼마나 자주 했는지 모른다.

하지만 힘든 건 뱃사공만이 아니었다.

참다못해 헤엄쳐 도망치려는 자, 갱목으로 뗏목을 짜고 도망치려는 자 등 도중에 탈주를 시도하는 사람도 종종 있었다. 다카시마가 가장 가깝지만, 그곳은 같은 미쓰비시의 광산. 도망치려면 노모(野母)반도로 향할 수밖에 없었다. 하지만 바로 눈앞에 보여도 조류에 휘말려 실패하기 일쑤였다. 쓰요지 씨도 탈주에 실패하여 물에 빠져 죽을 뻔한 남자를 배로 구한 적이 있다.

하지만 간신히 익사를 면한다고 해도 탈주 미수는 요즘으로 치면 사감에 해당하는 나야 우두머리에게 반죽음당할 것을 각오해야만 했다.

패전이 가까워지고 남자 일손도 귀해지자 중국인 포로(*실제로는 납치되어 온 농민이 태반이었음)와 조선인이 많이 끌려왔다. 일본인 광부가 사는 곳과는 동떨어진 곳에 이들을 따로 처넣어 두었는데, 암만 그래도 손바닥만 한 좁은 섬 아닌가. 지금도 쓰요지 씨는, 그 사람들의 외침인지 울부짖음인지 모를 슬픈 소리가 귓전에 들리는 것 같다. 딱 한 번 소리가 나는 방을 들여다본 적이 있다. 아마 아직 스무 살도 안 되어 보이는 젊은 조선인 남자가 무릎을 꿇은 채 무릎 위에 큰 돌을 얹고 있었다.

패전 후 얼마 지나지 않아, 이 사람들은 자신들 나라로 돌아간 것 같았다. 그들을 괴롭혔던 회사의 외근계 사람들은 패전이라는 소식을 듣기 무섭게 보복이 두려워 재빨리 몸을 피했다고 한다.

## 군함도의 생활환경(그 두 번째)

- 
- 

일본주택협회 발행 『주택』 통권 제261호(1974년 6월 20일 발행)
나가사키조선대학 조교수, 가타요세 도시히데(片寄俊秀)

(발췌) "하시마의 조선인과 중국인의 강제 노동 실태는 지금까지 거의 밝혀지지 않았으며, 또한 관계자들은 이 문제에 대해서는 1956년 태풍 재해로 회사 사무소 일부가 유실되어 서류는 전혀 남아있지 않았다고 한다. 불과 얼마 전에 이뤄진 조선인 강제연행 조사(1974년 4월 28일)에 의하면, 패전 시 하시마탄광에 있던 강도시 씨(60세)로부터 다음과 같은 증언을 들었다(나가사키신문, 1974년 4월 29일). 강 씨는 1940년 약 2천 명의 동포와 함께 석탄 실은 배를 타고 사할린으로 실려 갔다. 미쓰비시 도우로(塔路)탄광에서 4년간 일했고, 처자도 불러들였다. 그런데 1944년 9월, 사할린의 탄광을 정리하면서 하시마로 전환 배치를 명령받고, 처자를 사할린에 남겨둔 채 약 100명의 동료와 하시마로 왔다.

기숙사에 배치되어 1일 2교대의 중노동. 노무계 감시가 극심했고, 피곤해서 일을 나가지 못하거나 가족에게 보내는 편지에 섬의 실정을 적거나 하면 바로 끌려갔다. 노무 사무소 앞 광장에서 손이 묶인 조선인을 노무계 3명이 교대로 군용 가죽 허리띠로 때렸다. 의식을 잃으면 바닷물을 머리부터 퍼부어 지하실에 쳐놓고, 다음날부터 일하게 했다. '하루에 두세 명이 이런 린치를 당했다. 집 밖에서 그랬던 건 우리에게 본때를 보일 목적이었다. 도저히 입으로는 말할 수 없을 정도로 혹독한 린치였다'라고 강 씨는 말했다."

서 씨, "여기에서 바다로 뛰어들어 죽을까 생각했다…"

## 3. 정리

1982년 10월부터 1983년 7월까지 우리가 방문한 나가사키시 주변의 도서부—이오지마, 다카시마, 하시마, 고야기지마—에서 강제연행 조선인 노무자에 관한 증언 채록, 조사, 자료 수집 등을 실시한 결과를 바탕으로 우리는 '현시점에서의 정리'를 발표해야 할 것이다. 그것들을 요약하면 다음과 같다.

1. 이오지마에서는 폐광 당시 닛테쓰광업을 정리한 회사인 신와상사 책임자가 일부러 사세보에서 섬으로 와서 우리 조사 작업에 '협조'하여, 당

시 조선인 노무자 관련의 보존 자료를 제공해 주셨다. 또 주민들의 협조도 매우 호의적이었다. 이러한 자료와 증언으로 이곳에서는 나가사키광업주식회사 이오지마광업소의 탄광 관계 조선인 노무자와 주민의 증언을 중시하여 1,000명으로 추정할 수 있었다. 그것은 회사 자료의 약 2배가 된다.

2. 고야기지마에서는 다수의 증언을 얻을 수 있었는데, 유명한 가와나미공업의 사장 가와나미 도요사쿠가 경영하는 가와나미조선, 고야기(아보)탄갱에서 노역을 당했던 징용 및 강제연행의 조선인 노무자는 가와나미조선에서 5,000명, 아보탄갱에서 500명을 밑돌지 않을 것으로 추정했다. 그 이유는 고야기무라의 1944년 2월 22일 현재의 인구 15,544명에 대해 패전 후인 1945년 11월 1일 현재는 불과 4,699명에 불과하였다. 무려 10,845명의 감소를 보였으며, 이 감소분의 절반은 조선인 노무자들이었음이 주민의 증언으로 밝혀졌기 때문이다(별표 2 참조).

3. 다카시마에서는 증언자 수는 적지만 그 증언 내용은 납득할 만한 것이 많았으며, 또 자료를 검토한 결과, 조선인 노무자는 3,500명 내외로 추정하는 것이 타당하다고 생각되었다.

4. 하시마에서는 하시마탄갱에서 노역했던 조선인 노무자 서○○ 씨와 함께 무인도가 된 이곳 섬으로 건너가 상세히 현지 조사를 하면서 그에게 증언을 들었다. 또 이미 증언된 기록을 포함한 자료들을 정리한 결과, 이 섬에서 노동해야 했던 조선인은 약 500명이었던 것으로 추정되었다.

5. 그 밖에 사키토초의 사키토탄광이라는 대형 탄광에서 일해야 했던 다수의 조선인 노무자에 대해서는 현지에 가서 관계자의 증언을 수집할 필요가 있지만, 이번에는 그것을 실현하지 못했다. 그러나 입수할 수 있었던 여러 종류의 자료를 검토한 결과, 7,000명의 조선인이 존재하였던 것

으로 추정된다. 그 이유는 사키토초의 1944년 2월 22일 현재 인구 19,972명에 비해 패전 후인 1945년 11월 1일 현재 인구는 7,317명 감소한 12,655명이었는데, 이는 조선인 노무자들이었다고 추정되기 때문이다.(별표 2 참조)

이상의 결과를 집계하면, 이들 니시소노기군의 도서부(주로 탄광이 있는 섬)에 거주하며 징용 및 강제노동에 종사하게 된 조선인의 수는 대략 다음과 같이 추정된다.

| | |
|---|---|
| 이오지마 | 1,000명 |
| 고야기지마 | 5,500명 |
| 다카시마 | 3,500명 |
| 하시마 | 500명 |
| 사키토초 가키노우라시마(蛎浦島) | 7,000명 |
| 노모반도(현재의 산와마치 부근) | 200명 |
| 합계 | 17,7000명 |

여기서 우리가 2차 조사활동에 들어가기 직전에 추정한 '나가사키시 및 그 주변 지구에 플러스 5,000명, 나머지 1만 5,000명은 도서부'라는 숫자가 어느 정도 틀린 것은 아니었음이 판명된 셈이다. 따라서 1, 2차 실태조사 결과를 종합적으로 집계하면 다음과 같다.

| | |
|---|---|
| 나가사키시 및 그 주변 지구 | 25,000명 |
| 도서부 | 17,500명 |
| 노모반도 | 200명 |
| 합계 | 42,700명 |

이제부터가 급기야 우리의 가장 중요한 과제가 된다.

즉, 이 도서부의 17,500명 중에 '피폭자'가 과연 몇 명 포함되어 있는가 하는 문제이다. 8월 9일 나가사키 원폭의 날, 이들 섬에서 파견되어 나가사키 시내에서 노동에 종사하던 중 피폭된 자 및 구조대로서 나가사키 시내에 파견되어 '입시피폭자'가 된 자가 각각 몇 명이었는가 하는 과제를 탐구하는 것이 무엇보다 힘든 부분이었다. 이 점에 초점을 두고 '증언'을 검토한 결과, 현시점에서는 거의 다음과 같이 추정된다.

1. 이오지마에 대해서는, 원폭 투하 후 조직적으로 나가사키로 구원을 나간 조선인 노무자의 존재는 확인할 수 없지만, 개인적으로 나가사키시로 들어갔다가 '입시 피폭자'가 된 이들이 존재한다는 것은 쉽게 추정된다.

2. 고야기지마에 대해서는, 원폭 투하 후 가와나미조선소에서 나가사키시로 구원대를 파견했는데 '그 인원수는 약 1,500명 내외가 출동했다'(나가사키시 발행 『나가사키 원폭 전재지』 제1권 421쪽)라고 되어 있으며, 그중에는 당연히 조선인 노무자도 포함되어 있었다. 당시 고야기지마 인구 28,000명에 대해 조선인 노무자를 5,500명으로 추정한다면 그 비율은 5.1대 1이 되고, 이를 적용하면 구원대에 참가한 조선인은 약 250명이 된다.

즉, 고야기의 조선인 노무자 중 '입시피폭자'가 된 자는 250명으로 추정된다. 또한 원폭 당일 고야기에서 나가사키 시내로 파견되어 작업에 종사했던 조선인 노무자도 다수 존재하지만, 그 인원수는 확인이 되지 않았다.

3. 다카시마에 대해서는, 미쓰비시석탄광업 주식회사 다카시마광업소의 노무 관계 서류가 전후 두 차례의 화재로 소실됐기 때문에, 조선인 노무

자들과 원폭의 관계에 대해서는 이 역시 확증을 얻지 못했다. 그러나 고야기와 마찬가지로 피폭된 나가사키로 가서 '입시피폭자'가 된 자는 존재할 것이다.

4. 하시마에 대해서는, 지리적(거리적)으로 고찰하는 한 다카시마광업소, 하시마탄광의 조선인 노무자들이 원폭 당일 나가사키로 파견되어 노동에 종사하고 있었다는 점 및 구호대로서 나가사키로 파견되었다는 점에 대해서는 추정이 어렵다. 또 그에 대한 증언은 전혀 주어지지 않았다.

5. 노모반도에 대해서는 (현재의 니시소노기군 산와마치), 여기에서 고야기지마의 직장으로 또는 고야기지마에서 나가사키 시내로 작업하러 나간 사람이 있다면 직접피폭자나 입시피폭자가 되었을 가능성도 생각할 수 있지만 그에 대해서도 확실한 증언은 얻지 못했다.

이상을 종합하면, 도서부(이오지마, 고야기지마, 다카시마, 하시마) 및 노모반도의 조선인 노무자 중 직접 피폭자의 인원수—실제적으로는 존재하는—를 추정하기는 현시점에서는 어려우며, 입시피폭자의 인원수 또한 고야기지마의 추정 약 250명을 비롯해 다카시마와 이오지마에도 존재할 것으로 생각되지만, 현시점에서는 명확한 인원수를 제시하기는 어렵다.

〈별표 2〉 탄광 소재의 시정촌 인구의 추이

|  | 1944년 2월 22일 현재 | | | 1945년 11월 1일 현재 | | | 총수 비교 |
| --- | --- | --- | --- | --- | --- | --- | --- |
|  | 총수 | 남자 | 여자 | 총수 | 남자 | 여자 |  |
| 나가사키시 | 270,113 | 137,015 | 133,098 | 142,748 | 69,789 | 72,959 | -127,365 |
| 사세보시 | 241,239 | 119,729 | 121,516 | 147,617 | 72,356 | 75,261 | -93,622 |
| 고야기무라 | 15,544 | 11,695 | 3,849 | 4,699 | 2,449 | 2,250 | -10,845 |
| 이오지마무라 | 2,214 | 1,098 | 1,116 | 2,607 | 1,242 | 1,365 | +393 |

|  | 1944년 2월 22일 현재 | | | 1945년 11월 1일 현재 | | | 총수 비교 |
|---|---|---|---|---|---|---|---|
|  | 총수 | 남자 | 여자 | 총수 | 남자 | 여자 | |
| 다카시마무라 | 7,327 | 4,546 | 2,781 | 4,571 | 2,272 | 2,299 | -2,856 |
| 다카하마무라 | 6,539 | 4,040 | 2,499 | 14,955 | 2,372 | 2,583 | -1,584 |
| 사키토초 | 19,972 | 12,320 | 7,652 | 12,655 | 6,390 | 6,265 | -7,317 |

총리부 발행 『쇼와 20년 인구조사집계결과개요』

# 제2부

## 나가사키 시내
(제1집 보충 글)

## 1. 해설

앞서 『원폭과 조선인: 나가사키 조선인 피폭자 실태조사 1집』을 발간하면서 "나가사키시 및 주변 지구에 거주했던 조선인 총수는 1만 9,391명 이상, 그중 피폭 사망자는 9,169명으로 추정된다"라고 발표했는데, 동시에 그것은 정확한 숫자는 아니더라도 '피폭 당시'의 전체상에 한 걸음 다가섰다고 확신한다고 발표했다. 그러나 실태조사라는 것은 앞으로도 계속적이고 정력적으로 또 구체적으로 실시해 나갈 필요가 있다고 결의하였다.

그리고 우리는 지난 1년간 나가사키 시내의 강제연행 조선인 노무자와, 집단으로 거주했던 조선인들에 대해 증언해 줄 분을 찾아 동분서주하며 시내를 누빈 결과 새로운 증언을 얻을 수 있었다. 이번에 그것을 1집에 추가하게 됐다.

새 증언으로 인해 1집에 누락됐던 '새로운 사실'은 다음과 같다.

1. '오우라 지구'에 집단으로 거주했던 조선인 가족의 인원수는 무려 200명 정도로 추정된다.
2. 준신(純心)고등학교 뒤 우라카미(浦上)강 건너편에 있던 조선인 함바[현재의 오오기마치(扇町)]에도 20명 정도의 조선인 노무자들이 서주하고 있었다.
3. 시로야마 지구에도 30명 정도의 조선인 노무자의 나가야가 있었던 사실이 판명되었다.
4. 젠자마치[쇼토쿠지(聖徳寺) 아래]에도 10명 정도의 조선인 숙소가 있었음이 판명되었다.
5. 또 제1집 중 "나가사키시 및 주변 지구의 조선인 함바·기숙사·나가야 등의 조사"(26~29쪽)에서 '기바치 기숙사 —2,400'이라고

기재했으나 "(강제연행된 조선인이 살고 있던) 기바치 기숙사는 미쓰비시의 기록에서는 3,447명이 살고 있었다."(서일본신문, 1975년 8월 8일자)에 따라 3,447명으로 정정하기로 했다.
6. 또한 가야기(니시소노기군 산와마치) 해안 부근에도 20~30명 정도의 조선인 노무자 함바가 있었던 것으로 판명되었다.

제1집 간행 후 약 1년간에 걸친 '나가사키 시내 조사' 결과는 다음과 같으나, 이들은 극히 일부에 불과한 증언으로 앞으로도 지속적으로 증언 수집 활동을 실시할 필요가 있다.

## 2. 조사보고

### 1) 스미요시(住吉) 지구

**대두로 콩나물을 키우던 조선 여자들**

- 
- 

[ 이　름 ]　웨버 ○○
[ 나　이 ]　50세
[ 성　별 ]　여자
[ 생　년 ]　1932년생
[ 거 주 지 ]　미국 오리건주
[ 증 언 일 ]　1982년 10월 19일

나는 나가사키시 다테야마초(立山町) ○○번지에서, 아버지 나카지마

도키오(中島時雄)와 어머니 아야코(アヤ子) 님 슬하에서 태어났다. (어머니는 아버지가 돌아가신 후 재혼하여 '마쓰우라(松浦)'라는 성으로 바뀌었다)

1945년 8월 9일 미군에 의한 나가사키 원폭 투하의 날, 나는 나가사키 시립 니시자카(西坂)고등소학교 고등과 2학년(13세)으로, 학도동원에 의해 학업도 중지되고 여자정신대로서 스미요시(住吉) 미쓰비시병기공장에서 일해야 했다. 일을 시작한 날은 1944년인지 1945년 초인지 잘 기억나지 않는다. 처음에는 오하시마치(大橋町)의 공장이었지만 미군의 공습이 심해지고 패전하기 직전에는 공장의 기계류가 스미요시마치(住吉町)의 미쓰비시병기 터널 공장으로 이동되었기 때문에, 나도 나중에는 직접 그곳으로 다니게 되었다.

매일 도시락을 싸가지고 집을 나서는데, 그 도시락도 쌀보리는 없어지고 톳 같은 것으로 만든 해초 빵이었다. 전시 중의 식사는 정말 비참한 것이었다.

터널 공장 안에서 내가 일하던 곳은 아카사코(赤迫) 쪽 입구에 가까운 곳으로, 공장 내 직공들 대부분은 여공들이었다. 남자 직공들은 적었고 나이 든 사람들이 많았다. 아마 젊은 사람들은 모두 군대로 끌려가고, 남은 남자라곤 노인이거나 신체에 문제가 있는 사람들이었던 것 같다. 나의 아버지도 오른쪽 손가락 끝이 없었기 때문에, 총의 방아쇠를 당길 수도 없어 군대로 끌려가지 않았다.

나는 매일 그 터널 공장 안에서 어뢰의 부품에 줄질을 하거나 여공의 일을 돕거나 청소 등을 했었다. 그곳에서 근로동원으로 일하던 사람들은 보국대 혹은 정신대 등으로 불렸다. 우리 학급에서는 7명씩 한 조가 되어 각 공장에 배치되어 있었는데, 터널 공장으로 간 우리 조는 기노시타(木

下) 조라고 불렸다. 니시자카소학교 선생님들도 모두 여기저기 군수공장으로 배치되어 나갔던 것 같다. 우리 기노시타 조의 친구 7명 중 그 이후의 소식을 알게 된 건 단 2명뿐으로, 그들이 원폭수첩을 만들 때 증인이 되어 주었다. 나머지 사람은 전혀 알 길이 없었다.

이 스미요시 터널 공장에서 일할 때 조선인도 일했다고 하는데, 어린 나는 조선인과 일본인 인부나 공원을 구분할 수 없었다. 단지 터널의 아카사코 쪽 출구 옆에 있던 우물 근처에서 세 사람 정도의 조선인 여자를 가끔 목격한 적이 있을 뿐이다. 점심시간에 그 우물물로 손을 씻으려 할 때 대두를 물에 담가 콩나물을 키우고 있는 그녀들의 모습을 보았다. 그 중에는 어린아이를 등에 업은 여자도 있었던 것 같다.

나는 몇 번인가 그 사람들에게 말을 걸고 싶었지만 끝내 말을 건네지 못했다. 아직 어렸던 만큼 어린 마음에 (조선인 하면) 무서운 생각부터 들었기 때문이다.[그 후 조선인을 본 것은 일본 패전 후 3년 정도 지났을 때, 사카모토마치(坂本町, 지금의 나가사키대학 의학부 부속병원의 옛 입구 부근)에서 고물상을 하고 있던 조선인 일가족(부모, 자녀로 한 세대)이다]

미군의 원폭투하 당시, 나는 우연히 스미요시 터널 공장의 아카사코 측 출구로 나온 참이었다. 그 순간 폭풍에 나가떨어졌고 옷가지는 너덜너덜해졌고 머리카락은 곤두섰다.

조장은 50세 정도의 연배가 있는 사람이었는데, 밖으로 나가면 위험하니 여기 있어야 한다고 우리 여학생 7명에게 완강하게 말했기 때문에, 밤까지 그 근처에 우두커니 서 있기도 하고 안절부절못하고 있었다. 하지만 그날 밤은 불길이 끊이지 않는 나가사키 거리를 뒤로 하고, 도키쓰(時津)에 있는 친척 집으로 가서 하룻밤을 묵었다. 이튿날인 8월 10일, 아직 여전히 불타고 있는 나가사키의 마을(불길은 사흘 전후로 지속되었던 것 같다), 그야말로 원자들판의 한가운데를 가로질러 다테야마마치에 있는 집으로 발길을 재촉했다. 쓰러져 있는 죽은 사람 위를 뛰어넘고 건너서 내달리다가도, 간혹 미군기의 저공비행을 목격하면 납죽 엎드려 숨기도 하면서 간신히 다테야마의 집에 당도했다. 다테야마의 집 창문은 폭풍에 날아가 버렸고 집 전체가 왠지 일그러져 있는 것 같았다.

아버지는 그날 밤에도 돌아오지 않았다. 우리들은 아버지의 직장이었던 오하시 미쓰비시병기공장의 불타버린 터로 가서 아버지의 시체를 찾았지만, 콘크리트 잔해나 휘어버린 철재 더미만 있고 아버지 모습은 보이지 않았다. 아버지가 일단은 건강한 모습으로 귀가한 것은 원폭이 투하된 날로부터 1주일인가 10일 정도가 지나고 나서였다. 원폭이 떨어지던 날, 아버지는 머리를 다쳐 공장 안 어딘가에 쓰러져 있었는데, 구원대에 의해 오무라(大村)해군병원으로 옮겨져 그곳에서 치료를 받았다고 했다.

중상자가 많았기 때문에 군의관이 빨리 돌아가라고 해서 돌아왔다고 했다. 그러나 그랬던 아버지도 피폭 후 서너 달쯤 지나서 돌아가셨다. 나도 그 후 3년 정도 지나서부터 몸 상태가 이상해졌다.

(나는 그 후 미국인과 결혼, 1957년 미국으로 건너갔다. 1982년 9월 7일 이후, 나가사키 원폭병원에 입원 중.)

오카 마사하루
후지이 유코

## 2) 시로야마마치(城山町)

### 마을의 조선인 함바 이야기

- 
- 

[ 이　름 ]　구로카와 ○○
[ 나　이 ]　58세
[ 성　별 ]　남자
[ 생　년 ]　1925년생
[ 거 주 지 ]　나가사키시
[ 증 언 일 ]　1983년 7월 16일


내가 지금 살고 있는 조에이마치(城栄町) ○○번지는 주거 표시가 실시되기 전에는 시로야마마치(城山町) ○○번지였고, 어릴 때부터 쭉 그곳에 살았습니다.

소학교는 니시시로야마(西城山)소학교, 구제(旧制) 중학교는 현립 게이호중학교(현재 현립 나가사키니시고등학교)를 다녔는데, 태평양 전쟁이 시작된 1941년에는 중학교 5학년생이었습니다. 1942년 4월에 상경하여 시바우라(芝浦)공대에 입학. 1944년 9월 육군의 구루메(久留米) 연대에 입영, 1945년 9월 복원하여 귀향했습니다.

내가 소학교와 중학교에 다니던 때, 시로야마 지구에 조선인 함바가 있었던 것을 기억합니다. 현재의 시로야마마치 3번지, 4번지, 9번지, 10번지(최근 거기에 대형호텔이 건설될 예정)는, 당시는 미쓰비시제강소의 철거지로 주위 토지보다 낮았기 때문에 미쓰비시제강에서 나오는 찌꺼기(석탄재 등)를 버리는 장소가 되어 있었습니다. 거기에 조선인들의 기숙사나 함바로 보이는 목조 판잣집이 4, 5동 있었습니다. 그곳은 잠을 자는 곳으로, 취사장이나 공동변소 등은 바깥쪽에 있었던 거 같아요. 모두 몇 명쯤 됐을까요? 한 30명 정도였지 않을까요?

또렷이 기억나는 것은, 스무 살 전후의 조선인 청년이 벌거벗은 몸으로 권투 연습을 하던 모습입니다. 몸에 바셀린을 바른 것도 어린 내가 보기에 이상했기 때문에 기억하고 있습니다.

조선인들이 무슨 일을 했는지 잘 모르겠습니다만, 부근에는 현의 고코쿠(護国)신사를 조성하는 공사를 하고 있었기 때문에(시모오하시 부근에도 다수의 조선인 함바가 있었다), 작업하는 조선인의 함바가 여기저기 띄엄띄엄 산재해 있지 않았나 싶습니다. 따라서 그 사람들도 현의 고코쿠 신사가 들어설 부지를 고르는 작업에 종사하고 있었을지도 모릅니다.

실은 우리 아버지도 구로카와구미(黒川組)라는 토목공사 청부업을 하고 있었기 때문에 조선인들이 자주 아버지를 찾아왔습니다. 아버지도 1945년 1월, 시내 쓰키마치(築町)의 건물 소개(建物疎開 *불이 번지는 것을 막기 위해 건물을 철거하는 작업) 작업으로 가옥 해체 작업 중에 그 건물에 깔려 사망했습니다. 원폭 투하 당시, 어머니는 니시시로야마(西城山)소학교 부근으로 피난 가 있었기 때문에 목숨만은 건질 수 있었습니다. 시로야마마치에 있는 집에 있었다면 당연히 죽었을지도 모릅니다. 우리 집 바로 근처까지 원폭 화재로 소실되었지만, 우리 집만은 소실을 면했습니다. 그 조선인 함바는 주위의 저지대가 제강소의 잔해로 매립되었기 때문에, 그 후에 다른 곳으로 이동했다고 생각합니다.

오카 마사하루

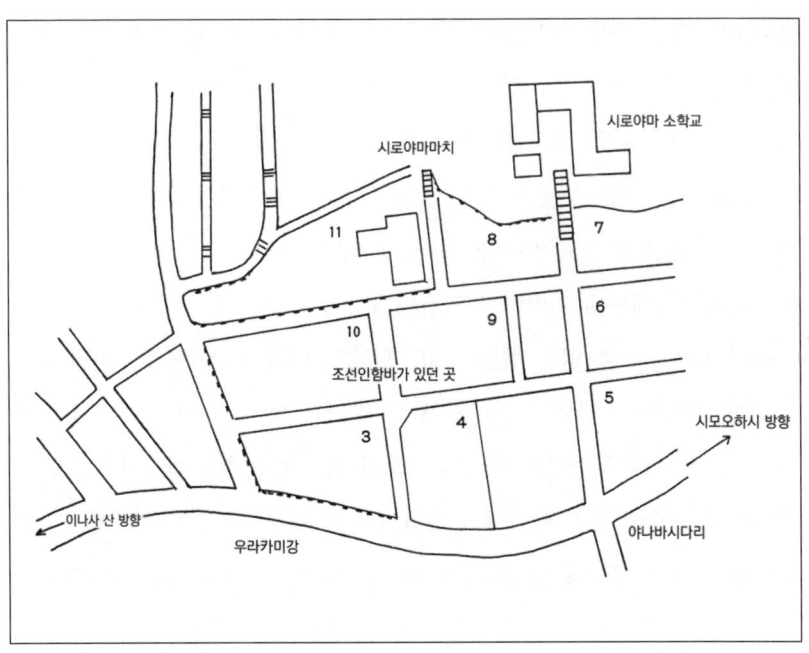

### 3) 오기마치(扇町)

**오기마치(扇町, 현재 마을 이름)의 조선인 함바,**

**쇼엔지(照円寺) 절 아래의 조선인 함바**

- 
- 

[ 이 름 ]   윤○○
[ 나 이 ]   65세
[ 성 별 ]   남자
[ 생 년 ]   1917년생

[ 거 주 지 ]　　나가사키시
[ 증 언 일 ]　　1982년 9월 12일


함바가 4곳 있었어요. 지금의 우라카미경찰서[하시구치마치(橋口町) 10-1]의 (우라카미 강) 건너편쯤이었던 거 같아요. 있잖아요, 그 '아멘' 뭐라고 하는, 지금 그 '아멘'이라고 하는 학교였어요. 맞다, 준신(純心)고등학교! 하하하. 저 건너편이야(우라카미 강의). 저기에 함바가 4개 있고, 세대도 있고, 우두머리들이 살았어요. 인원수는 그리 많지 않았어, 열 몇 명이었을 겁니다.

게다가 스미요시 마루타마 상점[와카바마치(若葉町) 4-21], 쇼엔지[照円寺, 시미즈마치(清水町) 5] 아래 강이 있잖아요. 지금의 전차와 강 사이에는 함바가 많이 있었어요. 모두 (지붕은) 함석지붕이었어.

원폭 때, 거기 많이 있었어요. 다 죽었겠지요. 그곳은 우리 친척이 하고 있었어. 히라누마 함바도 있었고, 꽤 있었어요. 그곳에만 60명 정도 있었어. 나머지는 10명, 8명, 7명 등 여러 함바가 있었는데 거기는 모두 판잣집이었어요.

오카무라 타쓰오<br>
니시다 히로시<br>
오시가타 히데유키

## 4) 젠자마치(銭座町)

### 자택 부근에 있던 조선인 하숙소

- 
- 

[ 이　름 ]　요시우미 ○○
[ 나　이 ]　58세
[ 성　별 ]　남자
[ 생　년 ]　1925년생
[ 거 주 지 ]　나가사키현 기타타카키군(北高来郡)
[ 증 언 일 ]　1983년 6월 22일

나의 본가, 요시우미 일가는 1944년에 전시 강제 소개로 미치노오(道の尾) 우라카미 수원지(浦上水源池) 근처로 이전할 때까지, 시내 젠자마치의 쇼토쿠지(聖德寺)라는 절 아래 길모퉁이(현재의 젠자마치 ○○번지)에서 살고 있었습니다. 도로 하나 건넌 곳[현재의 다카라마치(宝町) 9]에 조선인들이 살던 하숙소가 있고, 그곳 아이들도 나와 같은 젠자소학교에 다니고 있었습니다. 잘 기억나진 않지만, 두세 세대의 몇 명 정도가 살았다고 생각합니다.

직업은 모두 쇠 부스러기와 고철을 취급하고 있었고, 그들이 만들었던 '조선 엿'하고 교환하곤 하였습니다. 이름도 김 씨, 박 씨라고 하는 사람도 있었고 일본 이름을 가진 사람도 있었습니다. 지역 주민들과는 큰 갈등 없이 '사이좋게' 살았던 것 같습니다.

우리 요시우미 일가는 그후 미치노오에서 미나마타(水俣)시로 이주했다가 1947년에는 다시 원래의 젠자마치로 돌아왔지만(이후 1963년까지 그곳에 거주했음), 당시 나가야 생활을 했던 조선인들은 어디로 이주했는지 모습을 찾아볼 수 없었습니다.

오카 마사하루

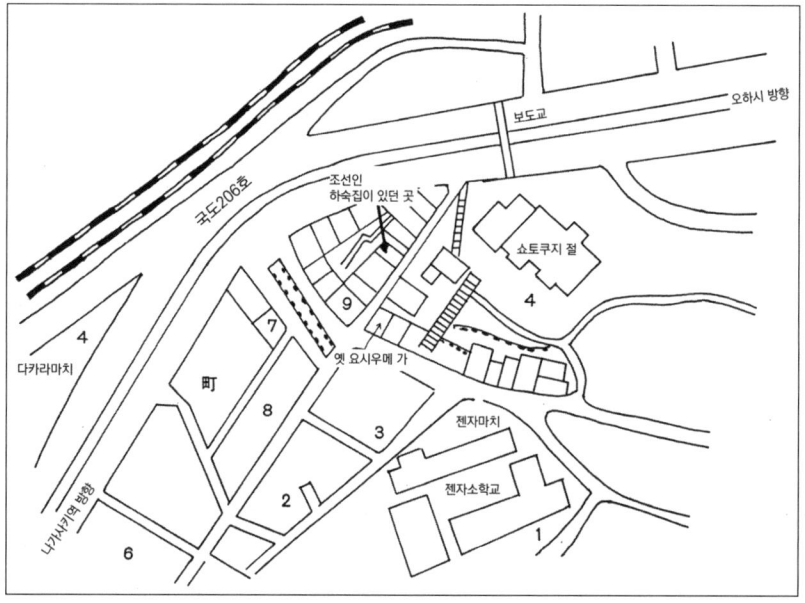

## 5) 다마조노마치(玉園町)

### 간젠지(観善寺) 절의 조선인 징용공들

- 
- 

[ 이 름 ]   다치바나 ○○
[ 나 이 ]   82세
[ 성 별 ]   여자
[ 생 년 ]   1901년생
[ 거 주 지 ]  나가사키시
[ 증 언 일 ]  1983년 3월 27일

    1938, 39년경부터 이미 전시체제여서 비상식량을 지어내고 있었습니다. 중일전쟁 무렵부터 징용공이 오기 시작했고, 우리 절에는 1944년 여름 무렵부터 징용공들이 후쿠오카, 구마모토, 고쿠라에서 왔습니다. 100명 정도였다고 생각해요. 그중에는 조선인도 있었습니다. 시아버지가 징용공을 위한 변소가 많이 없다고 거절했다가 '비국민'이라고 비난을 받아, 어쩔 수 없이 방을 빌려주었습니다. 징용공들이 있었던 기간은 1년 정도입니다. 나중에 사세보에 있던 해군도 왔습니다. 1944년 가을쯤에는 200명 정도가 되었습니다.

    당시 호센지(法泉寺) 절을 시모치쿠고(下筑後) 기숙사, 쇼후쿠지 절과 간젠지 절을 가미치쿠고(上筑後) 기숙사라고 불렀습니다. 집의 좁은 뜰을 부수고 변소를 만들었습니다. 80평의 대지(현재 가네코 씨 댁)에 목욕탕을 만들었습니다. 군은 전쟁에서 이기면 원상복구를 해주겠다고 말했습니다. 해군은 얍샵하게 구는 군인을 통에 넣고 고문했는데, 그 이외의 고문은 별로 보지 못했습니다. 징용공 중에는 개구리를 잡아 죽인 다음 신문지로 불을 피워 구운 다음 소금을 뿌려 먹는 이들도 있었습니다. 그런데 이런 건 조선인들만 했어요. 배가 고팠겠지요. 쇼후쿠지 절에도 징용공은 있었지만, 우리 절과 식당을 같이 쓰고 있었는지 어땠는지는 모르겠습니다. 조선인은 나가요(長与)에서 굴을 가지고 오거나 본당 안쪽에 유골을 두고 있었는데, 그 밑에 돈을 숨겨도 되냐고 나에게 물어본 적도 있습니다. 징용공의 식사는 탈지대두 보리밥이고 군대는 흰밥이었어요.

고린지(高林寺) 절[현재의 나루타키(鳴滝) 1-6]이 중국인 고아 6명을 우리 절에 데리고 온 적이 있습니다. 우리 집 둘째 아들이 죽었기 때문에, 그중 한 명을 둘째 아들 이름을 따서 가즈유키라고 하고, 가쓰야마(勝山) 소학교에 다니게 했습니다. 쇼카쿠지(正覚寺) 절 주지스님을 죽인 오우소(おうそう, *원서 대로임)가 우라카미형무소에 들어갔기 때문에, 속옷 등을 넣어준 일도 있습니다.

8월 9일은, 나는 당시 동네 회계를 맡고 있었는데, 그 돈을 고지야마치(麹屋町) 우체국에 맡기고 돌아오는 길에 피폭되었습니다. 화상을 입었고 얼굴을 드니 치아 열 몇 개가 후두둑 빠졌지요. 수십 군데를 다쳤어요. 부모님께서는 쇼후쿠지 절 방공호 덕분에 살았습니다. 그러나 다치바나 다마에다(立花玉枝, 남편의 여동생으로 현립 고등여학교 학생)는 하도동원으로 병기공장에서 피폭사했습니다. 그때 사세보의 다시로 지휘관에게 시체를 가지러 가는데, 군인이 필요하니 내어달라고 하니 4명의 군인을 내어주더군요. 이 절 뒤편은 불에 다 탔어요.

그날 징용공은 오하시 병기공장에 가 있었던 것 같습니다. 3분의 1은 외출하고 3분의 1은 낮잠 자고, 3분의 1은 역으로 짐을 가지러 갔었습니다. 원폭을 맞은 사람이 이곳으로 실려 왔지만, 물을 주고 하는 사이에 죽었습니다.

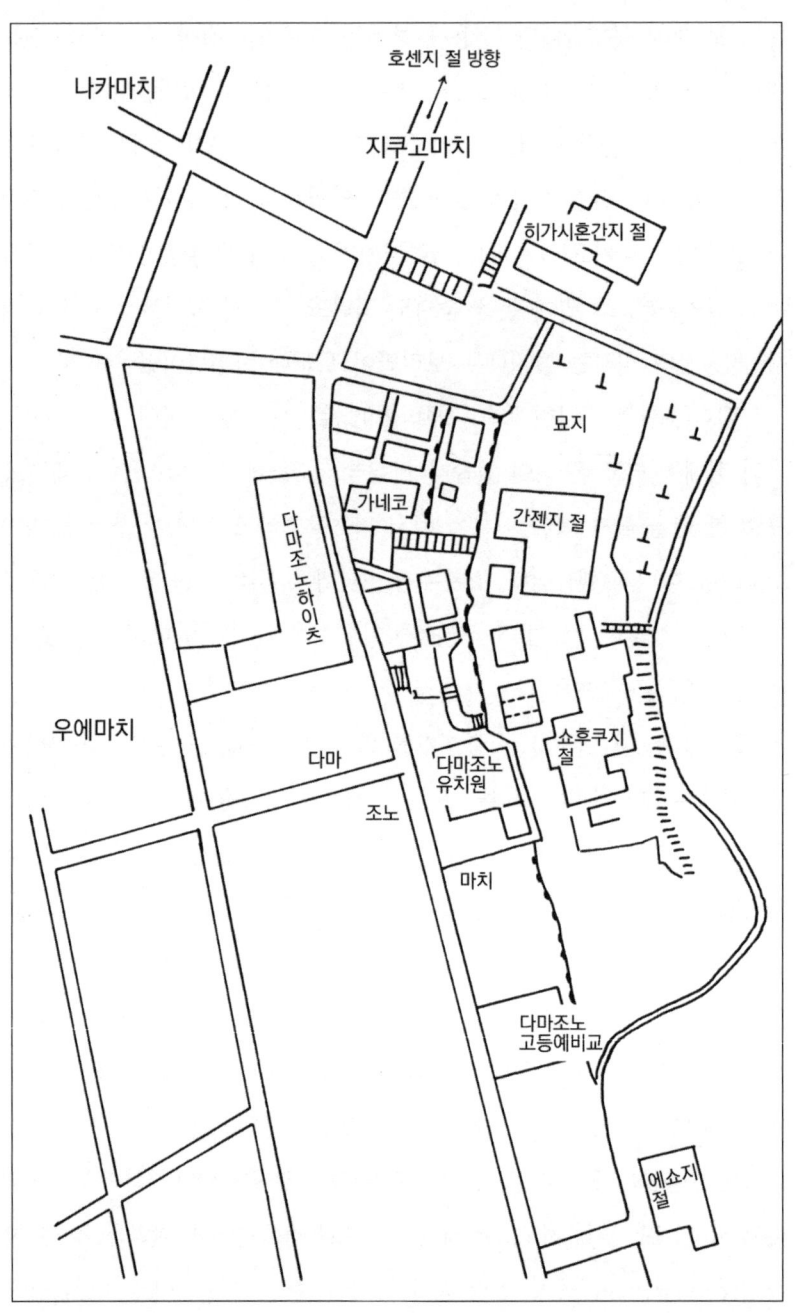

10조 크기의 안쪽 방 2개는 군대 짐으로 가득 찼습니다. 그 밖의 두 방은 환자들로 가득 찼고요. 8월 10일에 의사가 왔는데, 여기서 죽은 사람은 이사하야(諫早) 방면으로 옮겨간 것으로 압니다. 부상이 가벼운 사람은 히미(日見) 터널 안으로 옮겨졌습니다. 다른 조선인은 다른 어디론가 데려갔습니다. 어딘지 잘 모르겠어요. 8월 15일까지는 거의 잠을 못 잤어요. 그때 죽은 사람은 여기서 지금도 제를 지내는 사람도 있습니다. 그 당시 잡일을 거들던 하녀들은 10명 정도였는데, 지금도 사이키(サイキ)라는 사람은 나가요에 있습니다.

　이 간젠지라는 절은 지쿠고(筑後)의 야나카와(柳川)에서 온 다치바나 가문으로서, 현재의 17대째 주지는 전쟁 당시에는 학도동원으로 대만에 나가 있었습니다. 1946년 3월 6일 복원하여 돌아왔습니다. 이곳 큰 정원수는 1,300년 정도 됐다고 합니다.

　나와 시마우치 하치로(島內八郎) 씨(나루타키 3-7)와 미륵당 사람과 넷이서 나가사키 원폭에 대해 회고한 책을 NHK에서 출판한 적이 있는데, 그것이 지금 수중에 없어서….

후지이 유코<br>
오카 마사하루<br>
다카자네 야스노리<br>
니시다 히로시

## 호센지(法泉寺) 절의 조선인 징용공들

[ 이　름 ]　오다 ○○
[ 나　이 ]　85세
[ 성　별 ]　여자
[ 생　년 ]　1897년생
[ 거 주 지 ]　나가사키현 니시소노기군
[ 증 언 일 ]　1983년 6월 20일

전쟁 중, 우리 호센지[옛 지쿠고마치(筑後町), 현재의 미하라초(三原町)로 이전] 절을 시모치쿠고 기숙사, 간젠지 절을 가미치쿠고 기숙사라고 하며, 쇼후쿠지 절도 역시 징용공 기숙사로 사용되고 있었습니다. 당시 호센지 절에는 징용공이 40~50명 정도가 아니었을까 싶네요. 그중 한국인은 10명 정도였던 것 같습니다.

그때 징용공들은 오하시에 있던 미쓰비시병기공장에서 일을 했어요. 매일 아침, 군대식으로 줄을 서서 다 같이 일터로 출발했습니다. 징용공들은 원폭이 떨어지기 1~2년 전쯤부터 있었던 것 같은데, 원폭이 떨어진 순간 모든 것이 끝나고 말았습니다.

원폭이 떨어졌을 때, 병이 났거나 몸이 좋지 않아 쉬고 있었던 사람이 목숨을 건졌지요. 출근한 사람들은 거의 모두가 당했습니다. 다시 기숙사로 돌아온 사람은 없었습니다. 그날 나간 채 돌아오지 않았어요.

설날에는 조선인 징용공 중에서 내지인들에게 맛있는 것을 보내오곤 했어요. 우리도 힘들었으니까, 진기한 것을 보내오면 서로 나누고 했지요.

조선인 징용공은 도저히 조선인이라고는 생각이 안 들 정도로 상냥했습니다. 자기네끼리는 조선말로 말하고 우리에게는 일본어로 말했습니다. 모두 젊은 사람들이었어요.

사감 선생으로 일본인 민간인이 있고, 그리고 취사계에도 여자 2명 정도가 있었습니다. 미쓰비시에서 생선 등을 보내왔기 때문에 식량은 풍부했습니다. 일본인과 조선인이 절의 본당에 같이 누워 잤어요. 일본인 징용공들은 오이타(大分)에서도 왔고, 사감인 사람은 후쿠오카에서 왔습니다. 그 사감은 서른 몇 살이었는데, 영화관의 젊은 사장이었던지 한가할 때 나가사키 영화를 공짜로 볼 수 있다면서 젊은이들을 데리고 나갔습니다.

원폭이 떨어진 그때는 호센지 절도 자연히 불길이 올랐죠. 신기하게도 다 불에 탔어요. 1년 정도 있다가 다시 지었는데, 300평 있던 땅을 도로에 백몇 평인가를 빼앗겼어요.

원폭 터진 날, 일 안 가고 있었던 사람은 4, 5명이었을 거예요. 사감 선생님과 일 나가지 않았던 사람은 살았습니다. 오래전 나가사키 하마노마치(浜の町)에서 만난 적이 있습니다. 살아 계셨어요 분명히, 도쿠나가(德永) 선생님이라는 사람입니다.

일을 가지 않아 목숨을 건진 조선인도 몇 명 있었을지 몰라요. 조선인 가네마루(金丸, 김종구)라는, 일을 나갔는데도 목숨을 건진 사람이 있어요. 그 사람은 다른 사람과 교대하여 터널에 들어갔던 모양이에요. 덕분에 살았지요. 가네마루 씨 부인이 그때 기숙사 일을 봐주던 사람이었으니까, 그 부부에게 물어보면 알 수 있어요.

마에다(前田) 씨라는 기숙사 우두머리 되는 사람도 조선인이었는데, 원폭이 떨어지고 어떻게 되었는지 이후 상황을 모르겠습니다.

후지이 유코
다카자네 야스노리
니시다 히로시

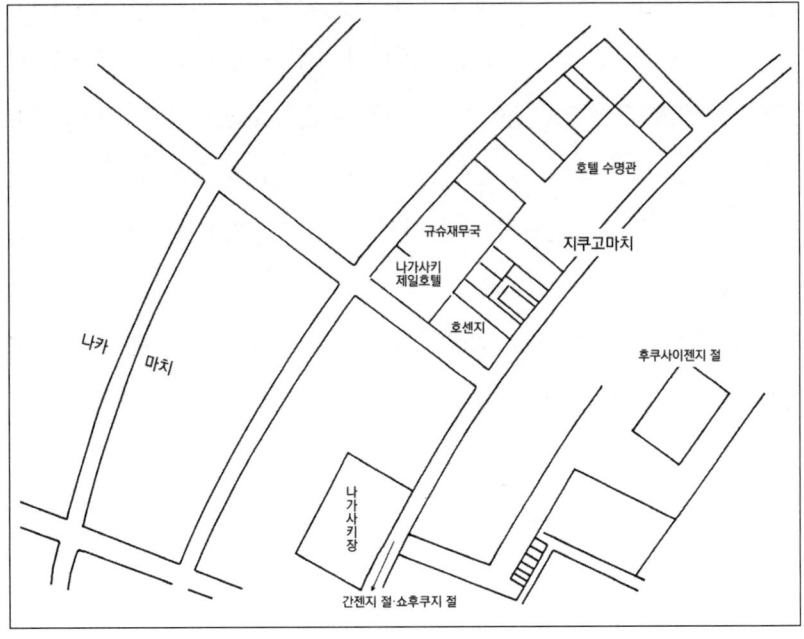

## 6) 지쿠고마치(筑後町)

### 쇼후쿠지(聖福寺) 절에는 징용조선인 노무자는 없었다

- 
- 

[ 이　름 ]　다야 ○○
[ 나　이 ]　46세
[ 성　별 ]　남자
[ 생　년 ]　1937년생
[ 거　주　지 ]　나가사키시
[ 증　언　일 ]　1983년 6월 25일


　나는 오바쿠(黃檗)종 쇼후쿠(聖福) 선사의 주지입니다. 패전 당시에는 여덟 살이었습니다. 당시 우리 절에는 해군 군인이 약 50명 정도 주둔하고 있었던 것 같습니다. 모두 해군 공작병들이었습니다. 군인들은 오사카 사투리 등 간사이 사투리를 쓰는 사람이 많았던 것 같습니다. 매일 아침 모두 한 데 모여 오하시 미쓰비시병기공장으로 일 나가던 모습이 기억납니다. 거주하던 곳은 본당으로 거기에는 다다미가 80장이나 깔려 있었습니다. 일하던 장소가 폭심지 근처인 오하시마치(大橋町)였기 때문에 모두 폭사했을 겁니다. 유가족들이 소지품을 가지러 왔던 기억도 납니다.
　징용 온 조선인 노무자는 아무래도 없었던 것 같습니다.

오카 마사하루

### 조선인 징용공 대부대(大部隊), 그날들

●
●

[ 이  름 ]    김○○
[ 나  이 ]    63세
[ 성  별 ]    남자
[ 생  년 ]    1920년생
[ 거 주 지 ]   나가사키시
[ 증 언 일 ]   1983년 7월 13일

   1942년 1월 들어 얼마 지나지 않았을 때라고 기억하는데, 7~8량인가 10량 정도의 열차로 징용공들이 나가사키로 끌려왔습니다. 그 당시 열차 출발지는 소에다(添田)역이었다고 생각합니다. 나는 아카이케(赤池)에서 20~30명 정도와 같이 탔습니다. 탔더니 벌써 몇십 명쯤 앉아 있었습니다. 일반객은 태우지 않았으니 전부 징용공이었지요. 노오카타(直方)에서 많은 사람이 탔고 열차 안은 가득 찼어요. 그다음부터는 논스톱으로 나가사키까지 왔습니다. 통로고 어디고 앉을 틈이 없을 정도로 꽉 찼으니 한 1,000명은 됐을 겁니다. 이 중에는 일본인도 조금 있었습니다.
   나는 호센지와 간젠지라는 절의 기숙사로 끌려갔습니다. 거기는 120명 정도 됐을 거예요. 같은 열차로 온 다른 징용공들은 어디로 갔는지 잘 모르겠습니다. 여기저기로 분산되어 헤어졌으니…. 하마구치마치(浜口町)에 있는 병기공장 기숙사도 있었으니까요.
   나는 처음에는 위쪽 기숙사였으니깐 간젠지 절에 있었습니다. 원폭이 떨어지기 서너 달 전쯤일까요, 그곳 일은 잘 기억나지 않지만, 해군이 이 절로 들어왔던 건 생각납니다. 그래서 징용공들은 전부 아래쪽 호센지 절로 옮겼습니다.

그곳 식사 등의 집안일을 보는 사람은 대여섯 명이었던 것 같습니다. 운반 담당의 남자도 두세 명은 있었던 것 같고. 아내(김정자 씨)가 간젠지 절에서 부엌일을 하고 있었기 때문에 잘 알 겁니다. 이 120명 중에 일본인은 10명 정도 됐던 거 같아요. 한 분대에 14~15명이 배정되고, 각각 기숙사 장이나 보좌관을 징용공 중에서 정했습니다.

밥은 말하나 마나지요. 처음에는 쌀알이 좀 들어가 있더니, 나중에는 결국 쌀은커녕 보리도 들어갔는지 안 들어갔는지 알 수 없고, 대두에서 기름을 짜낸 찌꺼기 같은 것이었습니다. 일은 미쓰비시의 모리마치(茂里町) 병기공장이 주가 되었지만, 나는 가토(加藤)제작소(지금의 마쓰야마마치. 야구장. 시민 풀장 근처)로 20명 정도 되는 사람들과 매일 전차로 다녔습니다. 탈 때는 모두 뿔뿔이 흩어졌지요. 아침 8시경부터 밤은 빨라도 10시였습니다. 철야를 할 때도 있었어요. 월급은 50엔 받았는데, 그중 3분의 1은 강제로 국채를 사게 하더군요. 살 물건도 없고 음식점도 없으니, 따로 쓸 데가 없었기 때문에 충분했습니다. 쓸 데라고는 담배를 배급할 때 정도였는걸요.

징용공끼리는 함께 있을 때가 거의 없었어요. 일찍 출근하거나 늦게 출근하거나 하니까 늘 따로따로였지요. 그날 일이 힘들었다든가 그런 얘기는 하지만, 고향 이야기 같은 거는 하지 않아요. 먹으면 쓰러져 자는 게 다였어요. 하긴 가정이 있는 사람은 무슨 이야기든 하는 것 같았지만, 다들 거의 조선말로 얘기했었어요.

그 무렵 열흘에 한 번 정도 고코구신사의 방공호 파기가 순번대로 돌아왔습니다. 정말 몇 달이나 걸려서 팠습니다. 8월 9일 전날이 내 차례였는데, 누가 부탁을 해서 순서를 바꾸게 됐습니다. 그날 원폭이 떨어진 것은

11시경이었지요. 누가 점심을 먹자고 하길래 지금 먹으면 점심부터 배고 프니 일 좀 더 하다가 먹자고 말하고 나는 구덩이로 들어갔지요. 다들 투덜투덜하면서 두세 명 따라 들어오는데, 갑자기 날아가 버린 겁니다. 나는 마침 운 좋게 구덩이 안쪽에 들어가 있었지요, 도중이긴 했지만. 다른 사람은 그때 어떻게 됐는지 도통 알 수 없었어요. 나는 폭풍으로 몇 번이나 구르다 패대기쳐졌어요. 밖은 캄캄했습니다. 그때 목구멍과 정강이를 다친 겁니다. 그 목구멍의 상처가 점점 퍼져서, 나중에 아내의 친정인 아마쿠사(天草)에서 약을 바르고 조금은 나아졌습니다만, 지금도 이렇게 병원에 입원해 있습니다. 입원과 퇴원을 반복하는 생활의 연속인데, 이번이 가장 깁니다. 올해 6월 26일로 1년이 됩니다. 큰아들은 태내 3개월 정도에 피폭되었는데, 그 때문인지 몸이 특히 약해서 너무 걱정입니다.(성프란시스코 병원에서)

후지이 유코

### 7) 주닌마치(十人町)

**의붓아버지는 훌륭한 조선인이었다**

- 
- 

[ 이 름 ]　무라타 ○○
[ 나 이 ]　51세
[ 성 별 ]　남자
[ 생 년 ]　1932년생

[ 거 주 지 ]　　나가사키시
[ 증 언 일 ]　　1983년 3월 26일

　아버지 하야시다 이치로(林田一郞), 본명 이덕금은 황해도 벽성 운산면 황금리에서 1886년 7월 15일 태어났다고 합니다. 본명은 문신을 새겨서 기억하고 있습니다. 조선인이지만 읽고 쓰기를 할 줄 알고 정월에는 훌륭한 글씨를 쓸 줄 알 만큼, 고등교육을 받고 관청에서 근무했다고 들었습니다.
　아버지가 우리 집에 오신 것은 내가 소학교 1, 2학년 때니까 1938년 무렵입니다. 오우라(大浦)에 있던 아버지의 친한 친구가 소개했다고 하는데, 어머니와 결혼하여 전쟁 전부터 쭉 있었던 셈입니다.
　우리 집은 낡았지만 가이세(海星)·갓스이(活水) 거리에 있는 '나폴리 파마' 가게 옆집이었는데, 전쟁 중에 군이 호시토리산(星取山)의 요새 사령부로 도로를 개설하기 위해 집을 강제로 소개한 바람에 현재의 집으로 옮겨왔습니다.
　원폭 당일, 나는 학도동원에 나가 있었고 둘째 형은 연구실 직원으로 미쓰비시제강소에 출근하다가 경계경보가 울리자 집으로 돌아왔습니다.
　아버지는 토목 관련 청부사를 하고 있었기 때문에, 마을 안 도나리구미(隣組, *2차 세계대전 당시 국민통제를 위해 만들어진 최말단의 마을 조직)의 10가구 분량의 방공호를 파고 있었습니다. '나폴리 파마' 가게 옆 주차장 아래에 있는 벼랑에 지금도 있을 겁니다.
　그리고 또 공습경보가 울렸기 때문에 우리 아이들은 방공호로 들어갔습니다. 그리고 내가 계단을 내려갈 때 황청색 빛이 번쩍 빛났습니다. 아뿔싸 싶어 안쪽으로 정신없이 달려 벽에 쿵 하고 부딪쳐 나뒹굴었습니다.

그때 어른들이 물밀듯이 들어왔습니다. 차남은 집에 있었고 삼남은 벤텐바시(弁天橋)의 나가사키자동차공업에서 근무하고 있었습니다.

여름이라 아이들은 모두 팬티 한 장에 웃통을 벗고 있었어요. 어머니는 나한테 "왜 벌거벗고 있느냐?"라고 화를 내며, "(집에 가서 윗도리를) 입고 와!"라고 했습니다. 그때부터 방공호에 사흘 밤낮을 머물렀습니다. 그곳이 고지대라서 밤에 방공호에서 나와 시원한 바람을 쐬고 있으면 거리 모습이 내려다보이는데, 불길이 점점 번져오는 것이 보였습니다. 보고 있으면 여기까지 오는 건 시간문제다 싶어서 어머니에게 "호시토리(星取) 쪽이든 어디로든 도망가야 하지 않아요?"라고 물었더니, "아니, 불이 나면 난대로 어쩔 수 없다, 허둥대지 마라!"라는 식으로 말했습니다.

원폭이 떨어진 당시, 어머니는 임신 중이었고 전후에 아이가 태어났는데 항문에 구멍 없이 태어나 두 살에 죽었습니다. 태어난 지 이틀 만에 젖을 못 먹게 되더니 배가 부풀어 4~5일 후에 시민병원으로 가서, 메스로 자르니 세면기 한가득 변이 나왔습니다.

1943년, 앞서 말했던 우리 집에 아버지의 친자식이 찾아왔습니다. 아마 강제연행되어 왔던 모양입니다. 조선소에 와 있었다는 것을, 크고 나서 전후에 어머니께 들은 적이 있습니다. 아버지를 닮은 온화한 외모로 키가 훤칠했는데, 국민복을 입고 왔습니다. 기바치(木鉢) 함바에 수용되어 있었던 것 같습니다.

우리는 친아버지와 생이별을 했는데, 의붓아버지도 가족과는 생이별을 한 채 수십 년 동안 우리를 키워주셨습니다. 그래서 나 자신은 친아버지보다 의붓아버지가 아버지로서의 실감도 나고, 사회인이 될 때까지 키워주셔서 그런 마음은 항상 가지고 있습니다. 아쉬운 것은 조선에 남겨두고 온 가족이 어떻게 되었는지, 아버지를 찾아온 아들(장남인 듯했다)은 전쟁

후 무사히 자기 나라로 돌아갔는지 하는 것입니다.

그런데 아버지의 장남은 원폭이 떨어지고 나서 이곳에 다시 한번 더 도망쳐 왔습니다. 그때 어머니는 거기에 있던 10엔인가 10 몇 엔인가 돈을 주며, "여기 있다가는 다시 끌려가서 험한 꼴을 당할 테니까, 어디로든 도망가라"라고 했다고 해요.

전후 그런 일도 있었기 때문에, 나이가 들면서 아버지는 더 당신의 조국으로 돌아가고 싶지 않으셨을까요? 전쟁 후에도 아버지는 토건업을 하고, 나카마치(中町)의 부흥사무소에 다니시면서 시내의 우라카미 지구의 정리 사업을 했었습니다.

집에 출입하는 사람은 오우라의 온순하고 온화한 사람으로, 아버지가 잘 돌봐 주고 있었습니다. 또 한 명은 우리 집 뒷집에 살고 있던 가네모토(金本, 확실하지 않음) 씨로, 겐초자카(県庁坂)에서 짚으로 만든 비옷 장사를 하고 있었습니다. 부인은 오무라(大村) 분으로 아이가 둘 있었습니다.

동급생인 강신옥의 형은 모토후루카와마치(本古川町), 지금의 제일권업은행(第一勧業銀行) 거리에서 왼쪽으로 서너 번째에 위치한 헌 옷 가게를 하고 있었는데, 그는 고등과 2학년 때부터 가이세고등학교와 메이지대학에 갔는데, 전후 뇌출혈로 사망했습니다. 그 밖에 이나다마치(稲田町)에 있는 사코(佐古)소학교에 작은아들의 동급생도 있었습니다.

아버지는 1972년 11월 10일, 77세로 히로나카(広中)병원에서 돌아가셨습니다.

니시다 히로시

## 8) 오우라마치(大浦町)

### 오우라 지구에 있던 다수의 동포

- 
- 

[ 이　름 ]　강○○
[ 나　이 ]　65세
[ 성　별 ]　여자
[ 생　년 ]　1917년생
[ 거 주 지 ]　나가사키시
[ 증 언 일 ]　1982년 9월 12일

　내 본적은 경상남도 부산부 초장마치(草場町 *현재의 부산광역시 초장동)야. 한국에서 열일곱에 시집을 와서 열여덟 살에 이곳으로 왔어요. 영감이 군함도에, 맞아요, 하시마에 있었거든요. 우리 큰아들은 열아홉 살 때 군함도에서 낳았답니다. 그리곤 줄곧 나가사키에서 살았지, 벌써 50년이나 됩니다.

　그때는 지금 세상과는 전혀 달라서, 탄광에서 가스가 폭발해서 대여섯 명이 죽고 했어요.

　남편에게 섬을 떠나 마을로 나가자고 요구해서 오우라 번화가로 나왔지요. 거기에 (조선인이) 많이 있었거든요. 나는 암거래를 하느라 미치노오(道の尾)에 갔어요. 조선인이 한곳에 뭉쳐서 많이 살았지요. 그 누굽니까, 중국의 공자를 모신 사당 앞에 오우라마치 6번지에 조선인이 많았고, 언덕 쪽에서 이쪽 마와타리(馬渡)자전거(오우라마치 4-1)의 우메가사키(梅

が崎)중학교 부근에 걸쳐 (조선인이) 많이 살고 있었지. 다들 고철 가게나 넝마주이, 선술집이 쭈욱 즐비해 있었어요. 엄청 많이 있었지. 미치노오 쪽으로 물건을 사러 갔거나 암거래 갔던 사람들이 원폭을 맞았을 거예요.

원폭 때, 그쪽으로 가 있는 사람들 많았을 겁니다. 돌아오지 않는 사람이 많이 있었고요.

오우라 번화가인 모토마치(元町)에 있었는데, 들락날락하느라 자세한 건 잘 몰라요.

협화회(協和会) 수첩을 가지고 있는 사람도, 안 가지고 있는 사람도 많았지. 김종개 씨는 협화회의 이나사 쪽 담당이었어. 협화회에는 도자(銅座) 쪽에 야후미(弥富)라는 사람이 있었는데, 지금도 있어요. 오우라 쪽 담당이었어. 야후미 씨는 형사계장이었는데, 사모님은 벌써 죽고 이제 꽤 망령이 들었어요.

나는 원폭 때, 아이가 셋이나 있어서 고생 참 많이 했지요.

(후쿠오카현의) 후쓰카이치(二日市) 시장으로 소개를 갔다가 한 사흘 후에 나가사키로 돌아왔지. 그때 영감을 찾아다니느라 고생을 많이 했는데, 닷새 후에 부두 쪽에서 겨우 만났을 때는 이미 온몸이 너덜너덜해지도록 다쳤더라고! 정말 말이 아니었어요.

이런 걸 일본인이 알까요? 학교에서도 안 가르치는데 뭘. 모르는 게 당연하지. 강제 징용 같은 짓을 했으니, 그리 나쁜 짓을 했으니 말 못 할 테지.

그래도 요즘에는 조금 가르치기는 하지. 그래도 아들들이 소학교에 다닐 때 보니까, 차별을 하더란 말이지. 나는 학교에 가서 "무슨 말도 안 되는 소리를 하느냐, 강제로 우리를 끌고와 놓고 무슨 소릴!"이라고 호통을

친 적이 몇 번이나 있었어요.

하이고 말도 못 해.

어쨌든 원폭 때는 참담했지. 산에 갔을 때 머리카락을 다 태워 먹고, 정말이지 완전 미개인이었다니까. 눈앞에서 차례차례로 쓰러져 죽었어요. 남편은 속옷도 없이 몰골이 너무 심해서, 나는 피난처에서 돌아와서 겨우 만났는데도 뿔뿔이 흩어져 도망쳤어요. 그때 일은 이제 생각하고 싶지도 않네. 처참하게 다들 죽어갔지.

오카무라 타쓰오

## 오우라에는 많은 조선인이 있었다

[ 이 름 ]   김○○(가네타니 ○○)
[ 나 이 ]   46세
[ 성 별 ]   남자
[ 생 년 ]   1937년생
[ 거 주 지 ]   나가사키시
[ 증 언 일 ]   1983년 3월 6일

나는 한국 국적이고, 지금 폐품 회수업을 하고 있습니다. 원폭 때 나는 후쓰카이치 쪽으로 어머니와 형 동일, 여동생 광자 이렇게 네 명이 피난을 갔습니다. 나가사키가 난리가 났다는 이야기를 듣고 곧 돌아오게 되었는데, 그러니까 2, 3일 지나서 나가사키로 돌아왔습니다. 그때는 원폭이니 방사능이니 하는 걸 몰랐기 때문에, 말하자면 입시 피폭이 되는 거겠지요. 당시 아버지는 오우라의 마와타리자전거 앞에서 일하고 있었습니다. 아버지는 징용으로 다카시마탄갱에서 강제 노동을 당했습니다.

많은 조선인들이 있었다는 것입니다.

아버지는 원폭 당시에 생명은 건졌지만, 피폭을 당했습니다. 그때 나는 아직 어렸을 때라 자세히는 모릅니다. 하지만 전후에 몸이 안 좋아지더니 결국 죽고 말았습니다. 아버지는 가네타니 다다오(金谷忠男)라는 일본이름으로, 죽고 나서야 원폭수첩(피폭자건강수첩)이 교부되었습니다. 대체 이런 말도 안 되는 일이 어딨습니까.

나는 기타오우라국민학교에서 우메가사키중학교로 진학했는데, 그 중학교에는 한국인이 서너 명 있었습니다.

아버지가 돌아가신 후 어머니(강○○, 앞의 증언자)는 지금도 나미노히라마치(浪の平町)에 살고 있습니다. 아마 1917년생으로 남도 부산부 초장 출신일 겁니다. 부지런한 사람으로 우리 아이들을 키워주었습니다.

나는 1963년에 결혼해, 아이가 셋 있습니다.

전후에 살던 오우라에는 많은 조선인이 있었습니다. 원폭 때 일은 어머니께 물어봐 주세요. 사세히 얘기해 주실 겁니다.

오카무라 타쓰오<br>
니시다 히로시

## 9) 스에이시마치(末石町)

### '입시 피폭자'가 된 조선인 징용공들

- 
- 

[ 이 름 ]　이누즈카 ○○
[ 나 이 ]　48세
[ 성 별 ]　남자
[ 생 년 ]　1935년생
[ 거 주 지 ]　나가사키시
[ 증 언 일 ]　1983년 6월 22일

패전 당시, 나는 시내 후카호리(深堀) 지구(현재 스에이시마치)에 살고 있었고 도이노쿠비(土井首)소학교 4학년이었습니다.

자택 바로 앞에 가와나미공업 후카호리조선소의 징용공 기숙사가 즐비해 있었습니다. 모두 목조 2층으로 상당히 큰 건물로, 중앙에 통로가 있고 좌우 각 방에는 다다미가 깔려 있었던 것 같습니다. 확실히 기억나는 것은 아니지만, 대여섯 동이 아니었나 생각합니다. 이들 기숙사에는 일본인 징용공도, 조선인들도 많이 살았습니다. 조선인들은 현지 모집으로 끌려온 이른바 '마루보'인지 국민징용령에 따른 징용공인지 강제연행으로 끌려온 것인지, 그쪽 사정에 대해서는 전혀 모릅니다.

징용공들 중에는 걸어서 갈 수 있는 인근 가와나미공업 후카호리조선소에서 일했던 사람이 대다수일 텐데, 가와나미공업 고야기조선소에도 배(가와코마루)로 통근했던 사람도 있었습니다.

기숙사에 거주하던 조선인 중에는 일본명을 쓰던 사람도 있어, 기숙사

부근의 일본인들과는 사이좋게 어울렸던 것 같습니다. 우리 집 부근의 사람이 기르던 염소를 잡아먹자는 이야기가 나왔을 때, 한 조선인이 매우 능숙하게 이것을 요리해 모두가 기뻐하던 일을 똑똑히 기억하고 있어요.

나가사키 원폭의 날, 이 기숙사의 징용공들은 시내 구원을 위해 상당수가 인솔을 따라 폭심지 부근까지 파견된 것이 아닌가 생각합니다. 즉, 상당수의 '입시 피폭자'가 있었겠지요. 그것은 그날 저녁 두세 명의 조선인 징용공이 우리 집에 와서, "오늘은 구원 활동을 위해 폭심지까지 다녀왔다, 그때 받아온 통조림인데 여러분도 드십시오"라며 그 당시 귀중품이었던 통조림 몇 개를 주었던 것을 확실히 기억하고 있기 때문입니다. 지금 생각해 보면 상당히 많은 조선인 징용공들이 폭심지 부근까지 나갔던 것 같습니다.

그 징용공 기숙사에는 전부 몇 명이나 살았는지 기억이 잘 나지 않습니다. 대여섯 동의 건물이 있었던 것은 기억나지만, 한 동에 몇 명이 거주하고 있었는지 확실한 것은 말할 수 없습니다. 가령 한 동에 80명이라고 하면 400명~480명이 됩니다만, 자신 있게 말하진 못하겠어요. 기숙사는 일본 패전 후 진주해 온 미군 병사의 숙소가 되었는데, 그들은 바로 근처 해안으로 상륙해서 그곳에 주둔한 것입니다. 그러나 그해 12월 27일에 이 기숙사는 에카와가와(江川川) 강 쪽의 극히 일부분을 남기고 대화재가 발생해 소실되어 버렸습니다. 패전 후 최초의 대규모 화재였기 때문에 잘 기억하고 있습니다. 발화 자리는 기숙사가 아니라, 현재 '하에도마리(南風泊)' 버스정류장 직전 근처에서 난 화재에서 불씨가 날아와 부주의하게도 활짝 열려 있던 기숙사 창문으로 들어갔고, 그 때문에 큰 화재가 난 것입니다. 미군 병사들이 더덕더덕 칠한 실내 페인트가 불에 타기 쉬웠기 때문이지요.

그만큼 많았던 조선인 징용공들은 패전 후 눈 깜짝할 사이에 없어졌습니다. 후카호리조선소 선착장에, 다수의 조선인 노무자가 있었다는 고야기로 건너(앞서 서술한 바와 같이, 오하토→후카호리 선착장→고야기지마 등의 경로로, 가와코마루라는 2~3층짜리 정기선이 운항되고 있었으므로), 거기에서 배를 만들어 조선으로 귀국한 것이 아닌가 하는 사람도 있는 것 같지만, 나는 전혀 짐작이 가지 않습니다. 그날 구원 활동을 위해 폭심지로 갔던 조선인들은 당연히 '입시 피폭자'가 되었을 텐데, 지금 어떻게 지내고 계실까요?

오카 마사하루

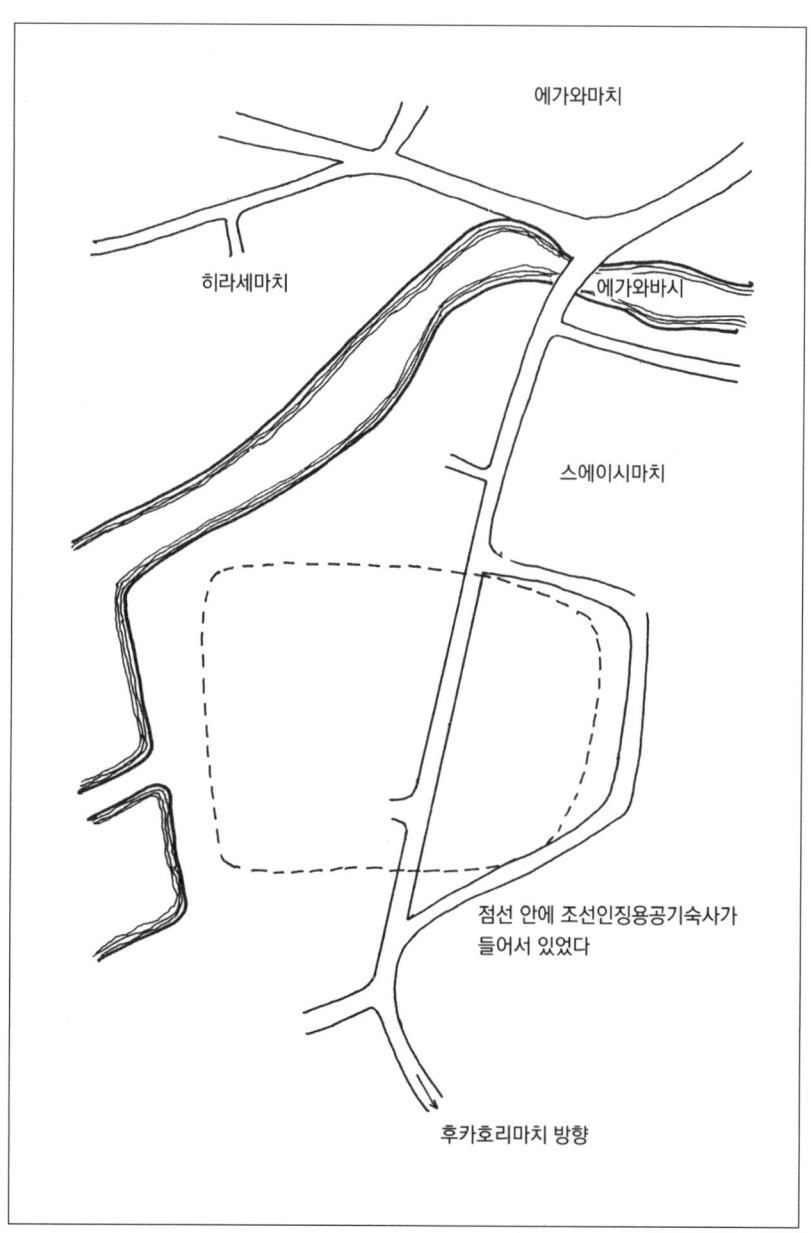

【참고 자료】

『나가사키시제 65년사 전편 제6부 소방 제3장 화재의 경향』, 749쪽 인용
"쇼와20(1945)년 12월 27일
에가와마치(江川町) 가와나미공업 주식회사 후카호리조선소 목공장에서 발화, 피해 19동, 연면적 1,370평 소실, 손해 약 175만 6천 엔"

## 10) 노모(野母)반도

### 노모반도의 조선인들

- 
- 

[ 이　름 ]　구와바라 ○○
[ 나　이 ]　57세
[ 성　별 ]　남자
[ 생　년 ]　1926년생
[ 거 주 지 ]　나가사키
[ 증 언 일 ]　1983년 7월 16일

내가 태어나고 자란 곳은 니시소노기군 가야키무라(蚊焼村)입니다[현재는 가야키, 가와하라(川原), 다메이시(為石) 등이 합병되어 니시소노기군 산와마치]. 가야키소학교 입학은 1932년이고 졸업은 38년이었습니다. 가야키 해안 부근에 조선인들이 살고 있다는 것을 깨달은 것은 5, 6학년쯤 되었을 때였습니다. 조선인들은 커다란 나가야나 나야에 다수가 모여서 살았던 것이 아니라 여기저기에 흩어져 살고 있었습니다. 동네 목욕탕에서 어린이를

동반한 조선인 모습을 자주 보았으니, 세대를 가진 사람도 있었겠지요.

생활상태도 일본인과 그다지 다르지 않았고, 일본인들과 통상적인 교제를 하고 있었습니다. 동네 사람들은 조선인을 '아사(*朝)'라고 불렀던 모양입니다. 조선인들이 하던 일은, 무슨 일을 했는지 지금도 잘 모르겠지만, 아마 다카시마인가 고야기(아보탄갱)인가로 매일 배를 타고 (정기선이었던 것 같습니다) 다녔던 것 같아요. 조선인 아이들이 소학교에 다녔는지 어땠는지는 전혀 기억이 나지 않습니다.

노모반도에도 조선인은 살고 있었습니다.

오카 마사하루

# 제3부

## 총괄 및 향후 과제

原爆과 朝鮮人

1910년의 조선침략—실제로는 그 이전부터 일본 제국주의의 조선침략은 시작되었지만 이 해에 명문화되었을 뿐이다—, 1931년 중국에 대한 '선전 포고 없는 전쟁' 개시.

그리고 1941년 미국과 영국에 대한 선전 포고—패전, 1억 총참회— 지극히 형식적인 말이다.

그로부터 38년이 된다. '전쟁을 모르는 아이들'이 급격히 늘어남과 동시에 '재일조선인과 그들이 일본에 있는 이유'를 모르는 사람도 늘어간다. 전쟁 체험을 반성하는 마음으로 이야기할 수 있는 '어른들'은 늙어서 침묵하거나 혹은 죽어갔다. 그리고 '즐거웠던 전쟁'이라며 자랑거리인 양 아시아 침략 전쟁을 득의양양하게 말하는 후안무치의 '살아남은 군인'들이 큰 소리로 군비증강과 핵무장을 외치는 시대가 되었다.

이처럼 침략하는 '일본'. 메이지 시대로 후퇴하는 역사의 역류가 시작된 현재, 과연 그때의 혹독했던 나날들의 이야기를 들을 수 있을까.

이오지마, 다카시마의 선착장에 내려섰을 때도, 자동차를 타고 지금은 육지와 연결된 고야기지마를 방문했을 때도, 더욱 그러한 의혹이 우리의 가슴 속에 떠올랐다.

일본 제국주의와 미국 제국주의에 의해 두 갈래로 분단된 조선의 실상을 볼 때, 조선적(朝鮮籍)을 고수하며 살아온 조선인은 한일조약을 체결하고 엄연히 존재하는 조선민주주의인민공화국에 적대 정책을 취하고 있는 일본 정부의 권력 하에서 살아가야 하는 현실적 문제 때문에, 이에 대해 다소 소극적인 발언밖에 들을 수 없지 않을까? 그러나 그런 생각은 실제로 조선인들을 접했을 때 한낱 기우에 불과하다는 것을 알 수 있었다.

무거운 입에서 경악할 수밖에 없는 '지옥도'에 대해 들을 수 있었던 것은, 마음이 아프면서도 큰마음 먹고 찾아오길 잘했다는 안도감마저

들었다.

그러나 40년 전 노무계의 말단이나 지도원으로서 동포를 괴롭혔던 '재일조선인'들, 또 조선인을 학대했던 일본인 전 노무계나 전직 헌병은 결코 자진해서 증언의 자리에 나서지 않는다는 것을 알았다. 이 조사 보고서에도 전 관청의 병사계였던 사람을 포함해 두세 명의 해당자가 있는데, "우리는 조선인들과 친하게 지냈다"라는 말을 집요하게 되풀이하는 것에 기묘한 느낌이 들었다. 북일 관계의 역사적 진실을 폄훼하거나 피하려는 사람은 문부성 교과서 검정 관계자만은 아닌듯하다.

일찍이 조선인을 혹사시키고 많은 사망자를 낸 데에 직접 가담했거나 조력한 것은, 아무리 전시의 비상사태였다 할지라도 마음속에 깊은 상처를 남기고 있을 것이다.

한 인간으로서 남들은 속여도 자신까지는 속일 수 없을 것이다. 살아 있는 동안 진실을 말해 달라 —이것이 우리 조사 활동에 종사한 모든 이의 거짓 없는 마음이고 소망이다.

지난해 1집을 출판했을 때, '앞으로의 과제'에서 "일본 정부, 나가사키현, 나가사키시, 미쓰비시중공업, 대형 토건업자 등은 피폭자를 포함한 모든 조선인의 실태에 관한 자료를 수집하고 공개해야 한다"라고 호소했지만, 지난 한 해를 회고했을 때 우리의 바람은 거의 이뤄지지 못한 것이 참으로 안타깝다. 조선인을 강제연행하고 학대하며 역사상 유례가 없는 원폭피해자, 참혹한 희생자로 만든 데 대한 법적, 도덕적, 인도적 책임을 자각하고 반성한다면 반드시 모든 자료를 공개하길 바란다.

그렇지만 우리는 지금까지 종합적으로 파악되지 않았던 나가사키시 주변의 도서부에서 학대 및 혹사당했고, 그러다 끝내 피폭까지 당하게 된 강제연행의 조선인 실태를, 38년의 공백을 넘어 그 일부를 밝혔고 그것을 뒷받침할 수 있었다.

그러나 그것은 극히 일부에 이르렀을 뿐으로, 예를 들어 고야기지마에서도 행려 사망자로 묻힌 조선인의 익사체를 확인할 필요가 있으며, 또한 각 섬의 강제연행 조선인들의 가혹한 노동조건과 노동 상태(일본인의 대부분은 일본인과 조선인 사이에 '차이'가 없었다고 증언하지만)에 대해서도 향후 지속적으로 조사를 진행할 필요가 있다.

동남아에 있는 섬에까지 가서 태평양전쟁 때 죽은 육친의 시신을 대면하거나 뼈를 거두는 데 열심인 일본인들이, 장례조차 치르지 않고 조선인의 유골을 버리거나 매장을 해도 공양도 추모도 하지 않고 방치해 온 사실을 직면할 때 우리는 더 이상 할 말을 잃었다.

우리는 조사를 계속하면서 결정적으로 "너무 늦었다"라는 생각을 지울 수 없었다. 얼마나 많은 조선인 피폭자 분들이 끝내 참지 못하고 한 맺힌 가슴으로 고향을 그리며 강제연행과 강제노동의 땅에서 돌아가셨을지, 생각만 해도 목이 멘다.

작년 여름에 1집을 낸 후 피폭 증언을 해주신 '나가사키 조선인 피폭자 협의회' 대표 이기상 씨가 1982년 12월 21일 타계하셨다. 조선인 피폭자의 존재를 몸소 체현해 주셨다고 할 수 있는 이기상 씨의 죽음은, 우리에게 다시 한번 조선인 피폭자에 대한 일본인으로서의 책임과 자각을 촉구하는 것이었다.

원폭 후 38년간 조선인 피폭자의 실태조사를 하지 않은 일본 정부의 태도는 조선인 피폭자의 존재를 인정하지 않으려는 것이거니와, 혹은 조선인 피폭자의 '자연 소멸'을 기다리고 있다고밖에는 볼 수 없는 처사다. 일본에서는 '유일한 피폭 국민'이라는 말이 아무렇지 않게 회자된다. 피폭 때 조선인은 일본 국가의 '신민'이고 '국민'이었으니 문제가 없다는 것이라면, 그야말로 제국주의이자 식민지 지배자의 입장이 아닌가.

　일본의 현 상황은 다시 그러한 표현을 허용할 단계에 이르고 있지 않은가.

　우리는 그러한 역사와 현재에 대한 반성, 조선 민중에 대한 소소한 책임의 일단을 다하는 마음으로 실태조사를 해왔다.

　나가사키 시내외 및 주변 도서부에 대한 조선인 조사를 앞으로도 적극적으로 추진해 나갈 것을 전 회원과 함께 다짐하고자 한다. 동시에 조선 민족의 자주적이고 평화적인 통일이 하루빨리 이루어지기를 염원한다.

　덧붙여 이번 조사에서 참고한 문헌류는 다음과 같다. 이 자료들을 제공해 주신 관계자의 호의에 깊이 감사드린다.

- 『나가사키시제 65년사』 전편
- 총리부 통계국, 『1944년도 및 1945년 인구조사 집계결과 개요』
- 고야기초 총무과, 『고야기초 핸드북』
- 고야기초 총무과, 『고야기초 주민 수첩』
- 다카시마초제 30주년 기념사 편찬부회, 『다카시마초세이 30년의 걸음』
- 나가사키현 노동평의회 편, 『나가사키현 노동조합사 이야기』 (1972년)
- 이오지마초 사무소 기획진흥과, 『이오지마초세 요람』 (제3호)
- 일본 주택 협회, 『주택』 (1974·5호-7호)
- 나카자토 요시아키, 『고야기지마』 (반세샤, 晩聲社 간행)
- 나가사키 민우신문사 간행, 『나가사키현 석탄연감』 (1949년도)
- 하야시 에이다이, 『강제연행·강제 노동』 (현대사출판회 간행)
- 1973년 10월 25일자, 〈아사히 신문〉 나가사키판
- 1974년 5월 17일자, 『아사히 저널』

- 요시모토 노보루(吉本襄), 『다카시마 탄광부 학대의 실황』
- 나가사키시, 『나가사키 원폭 전재지』

*각 '증언' 집필 이외는 모두 다음 3명의 공동 집필에 의한다.

오카 마사하루
다카자네 야스노리
오카무라 타쓰오

## 회칙

## 나가사키재일조선인의 인권을 지키는 모임·회칙

### 1. 목적
본회는 재일조선인의 인권을 지키기 위해 그 취지에 찬동하는 모든 사람들과 연대하여 광범한 활동을 전개하는 것을 목적으로 한다.

### 2. 명칭, 사무소
본회를 '나가사키 재일조선인의 인권을 지키는 모임'이라 하고, 사무소를 나가사키시 고젠(興善)마치에 둔다.

### 3. 조직
1) 본회는 목적에 찬동하고 행동하는 개인으로 조직한다. 가입, 탈퇴는 임원회의에서 결정하고 총회에서 확인한다.
2) 본회에 다음의 임원을 두고 임기를 1년으로 한다. 다만, 재임도 무방하다.
   - 대표 1명
   - 사무국장 1명
   - 사무국원 약간 명
3) 필요에 따라 전문 부서를 둘 수 있다.

4. 결정기관

1) 총회

본회의 최고결의기관을 총회로 하며, 매년 1회 개최한다. 필요에 따라 임시총회를 열 수 있다.

2) 임원회의

임원으로 구성하고, 필요에 따라 열 수 있다.

임원회의는 총회 폐회 중, 총회의 위임을 받은 사항을 검토, 결정한다. 결정은 만장일치로 한다.

5. 활동

1) 매월 1회 정례회를 열고 학습 및 기타 활동을 한다.
2) 그 외, 필요한 사항에 관하여 수시로 활동을 한다.
3) 수시로 기관지를 발행한다.

6. 재정

본회 활동에 필요한 재원은 회비 및 기부를 통해 이루어진다. 정례회 등의 경비에 대해서는 그때마다 납입하는 것으로 한다. 이들 금액에 관해서는 별도로 정한다.

7. 부칙

이 회칙은 1980년 7월 1일부터 효력을 발생한다.

**역자 후기**

## 원폭 80년·해방 80년을 맞아 『원폭과 조선인』을…

2025년 8월 6일과 9일은 원자폭탄(이하, 원폭) 투하 이후 80년째가 되는 날이고, 그로부터 일주일 남짓 이후인 8월 15일이면 우리나라 한국의 해방과 일본의 패전 80주년을 맞이하는 날이다.

이처럼 중차대한 시기를 맞이하여 '나가사키 재일조선인의 인권을 지키는 모임(이하, 인권을 지키는 모임)'의 『원폭과 조선인』 제1집과 제2집의 우리말 번역본이 출판된다는 것은 참 유의미한 일이 아닐 수 없다. 제목에서 추측할 수 있듯이 본서는 미국이 투하한 원폭, 특히 8월 9일 일본의 나가사키에 투하한 원폭에 희생된 조선인에 관한 보고서이다. 본서가 특히 의미가 남다른 것은, 단순히 희생자 수를 조사하고 보고한 것에 그치지 않고 ①'조선인'이 왜 일본의 나가사키에서 ②어떤 상황에 놓여 있는 와중에 희생되었고 ③왜 유독 조선인의 피해가 클 수밖에 없었는지 등을 ④단순한 조사와 보고가 아니라 일본의 가해자성을 사죄하고 역사의 진실을 직시한다는 일심으로 '인권을 지키는 모임'이 발행한 보고서이기 때문이다.

『원폭과 조선인』의 지은이 '인권을 지키는 모임'이 일궈낸 가장 중요한 업적 중 우리 '조선인'에게 특히 의미 있는 두세 가지를 들면 다음과 같지 않을까.

첫째는 일본 내에서 유일하게 '속죄'의 마음을 담아 일본인에 의해 '조선인 원폭희생자 추도비'를 세웠다.

둘째는 일본 내에서 유일하게 한 자릿수를 갖는 조선인 원폭피해자 규모를 추정한 조사 결과를 냈다.

셋째는 일본 내에서 유일하게 군국·제국주의 일본의 가해자성을 전시하고 있는 〈나가사키인권평화자료관〉을 설립 및 운영하는 데 적극적 지원을 아끼지 않았던 주체이기도 하다.

'인권을 지키는 모임'이 나가사키시 내 조선인 원폭피해자의 실태조사에 나선 것은 1981년 7월로, 그로부터 1년여 동안의 조사 결과를 1982년 7월 『원폭과 조선인』이라는 제목의 보고서 제1집을 발행하였다. 그리고 거기에서 멈추지 않고 그들이 누누이 강조하듯이 '지속적이고 정력적으로 그리고 구체적으로' 조선인 원폭피해자 규모 및 실태에 대한 조사를 꾸준히 이어왔고 그 결과를 아래와 같이 32년이라는 세월에 걸쳐 전 7집의 보고서를 발행하기에 이르렀다.

- 제1집 1982년 7월 31일 초판/2002년 7월 31일 제2판 발행
- 제2집 1983년 7월 31일 초판
- 제3집 1984년 7월 31일 초판
- 제4집 1986년 9월 30일 초판 *부제: 하시마의 신음소리
- 제5집 1991년 8월 31일 초판 *부제: 나가사키현 조선인 강제연행·강제노동 실태조사 보고서 – 탄광으로, 방공호로, 매립지로… 7만 명 탐방의 여정
- 제6집 1994년 6월 20일 초판 *부제: 사가현 조선인 강제연행, 강제노동실태조사 보고서 – 恨의 사가현 평야, 또 하나의 석탄역사
- 제7집 2014년 3월 15일 초판 *부제: 나가사키시 군수기업 조선인강제동원 실태조사 보고서

이들 중 전체 보고서 중 가장 먼저 제4집의 우리말 번역본을 출판하였다. 이는 '군함도'로 알려진 미쓰비시 산하 하시마탄광의 유적이 세계문화유산으로 등재되고도 조선인 강제노동에 대한 진실을 은폐하는 일본의 행태에 경고장을 날리고, 조선인 강제연행과 강제노동에 대한 역사적 진실과 그 증거를 널리 알려야 한다는 사명감에서였다.

그런데 우리가 밝히고 알려야 할 조선인 강제연행과 더불어 원폭피해에 관한 진실은 여전히 은폐된 채이고 어쩌면 영영 묻혀버릴지 모를 위기에 직면해 있다. 그것은 우리나라 정부의 방관과 가해국 일본의 은닉과 왜곡으로 제대로 된 실태조사조차, 원폭과 일본패전과 우리 민족 해방 이후 80년이 흐르는 동안 이뤄진 바 없기 때문이다. 이런 상황에서 그나마 실낱같은 희망과 가능성의 출구가 되어주는 것이, 다름 아닌 '인권을 지키는 모임'이 실시한 실태조사와 그 결과보고서인 『원폭과 조선인』의 발행이라 할 것이다.

제4집의 우리말 번역본 출판에 뒤이어, 다소 늦은 감은 있지만, '조선인 원폭피해의 실태조사'의 첫발을 내디딘 이후 그 발자취를 따라 발행된 『원폭과 조선인』 제1집과 제2집의 우리말 번역본을 "원폭 80년·해방 80년"을 맞아 출판할 수 있게 되었다.


## 『원폭과 조선인 제2집』을 옮기며

『원폭과 조선인 제2집』은 크게 두 가지 조사결과를 싣고 있다. 그 첫째는 1945년 8월 9일 원폭이 투하되었던 나가사키시 주변의 도서부에서 강제노동에 동원되었던 조선인에 대한 조사와 피폭자의 추정 결과, 둘째는 『원폭과 조선인 제1집』의 조사 결과 이후에 지속적이고 구체적으로 실시해 온 보완 조사의 결과이다.

첫 번째 조사 결과, 즉 나가사키 도서부(이오지마, 다카시마, 하시마, 고야기지마, 사키토초 가키노우라시마 등)에 거주하며 강제노역에 동원되었을 것으로 추정되는 조선인의 수는 무려 17,500명이며, 이들 중 다수는 8월 9일 나가사키시로 파견 나갔다가 원폭에 희생되었거나 나가사키시의 피폭자를 구원하는 작업이나 피폭사한 시체들을 처리하기 위해 원폭 직후 동원되었다가 입시 피폭되었을 것이라는 증언들을 얻었다.

마지막으로 조사 결과와는 별개로 한 가지 개인적 의견을 보태고자 한다. 다름이 아니라 본서에 실린 증언을 옮기면서 들었던 의심에서 출발한 개인적인 확신이다. 1집에서도 마찬가지였는데, 조선인 노무자에 대한 차별이나 학대에 대한 증언들이 일관되지 않는다는 사실이고, 이들의 증언은 크게 세 갈래로 나뉜다는 걸 알 수 있다. 같은 작업장의 엇비슷한 환경에서의 경험에 대한 증언임에도 불구하고, 어떤 이는 조선인에 대한 차별이 '심했다'고 말하고 어떤 이는 '없었다'고 하고, 또 어떤 이는 '잘 모른다거나 기억나지 않는다'고 답을 피한다.

과연 누구의 말이 진실이고 누구의 말이 거짓일지…. 그런데 그 진위를 확인할 수 있는 '자료'가 남아있지 않다며, 조선인 노무자 명단이나 임금 혹은 배급표 목록 등을 제시하지 못한다는 데에서 누구의 증언이 사실에 가까운지 확신에 가까운 짐작이 든다. 이와 같은 확신은 본 조사단 또한 가지고 있다는 데에 그나마 안도하며, 다음 3집에 대한 기대에 마음이 벌써 바쁘다.

김 경인